Band 28

Schriften zum Notarrecht

Herausgegeben von der
Deutschen Notarrechtlichen Vereinigung e.V. (NotRV)

Prof. Dr. Johannes Hager (Hrsg.)

(Vorweggenommene) Erbfolge und soziale Sicherung

Tagungsband

Mit Beiträgen von

Notar Dr. Hans-Frieder Krauß
RA und VorsRiVG a.D. Christian Grube
Notar Dr. Sebastian Franck, LL.M. (Cape Town)

Nomos

Die Deutsche Nationalbibliothek verzeichnet diese Publikation in der Deutschen Nationalbibliografie; detaillierte bibliografische Daten sind im Internet über http://dnb.d-nb.de abrufbar.

ISBN 978-3-8329-6926-4

1. Auflage 2011

Vorwort

Am 10. November 2010 veranstaltete die Forschungsstelle für Notarrecht an der Ludwig-Maximilians-Universität München eine Tagung mit dem Titel »(Vorweggenommene) Erbfolge und soziale Sicherung«. Dieser für die notarielle Praxis und die Gerichte als auch für die Wissenschaft bedeutsame und vielschichtige Themenkomplex wurde von hoch qualifizierten Referenten aus unterschiedlichen Perspektiven beleuchtet.

Das Eingangsreferat hielt Notar Dr. Hans-Frieder Krauß. Er sprach über »Sozialrechtliche Fragen der vorweggenommenen Erbfolge«. Anschließend referierte Rechtsanwalt und Vorsitzender Richter am Verwaltungsgericht a.D. Christian Grube zur »Überleitung von Ansprüchen auf den Träger der Sozialhilfe«. Im dritten Vortrag beschäftigte sich Notar Dr. Sebastian Franck mit »Aktuellen sozialhilferechtlichen Problemen im Erbrecht«. Die Schriftfassung der Referate soll mit diesem Tagungsband der Öffentlichkeit zugänglich gemacht werden. So ist zu hoffen, dass die hier dokumentierten Vorträge die Diskussion anregen und vertiefen können.

Herausgeber und Referenten danken der Landesnotarkammer Bayern und der Deutschen Notarrechtlichen Vereinigung e.V. sehr herzlich für den großzügigen Druckkostenzuschuss, durch den die Publikation dieses Bandes erst ermöglicht wurde.

Professor Dr. Johannes Hager

Lehrstuhl für Bürgerliches Recht und Medienrecht
Ludwig-Maximilians-Universität München

Inhaltsverzeichnis

Sozialrechtliche Fragen der vorweggenommenen Erbfolge

Notar Dr. Hans-Frieder Krauß, München

Die Frage nach der Wechselwirkung zwischen zivilrechtlicher Gestaltung und Sozialrecht im Rahmen der vorweggenommenen Erbfolge stellt sich mit unterschiedlichem Blickwinkel aus der Perspektive der drei typischerweise beteiligten »Protagonisten« – des Veräußerer, des Erwerbers und der »weichenden Geschwister« – und zwar jeweils sowohl auf der Einkommens- wie auch auf der Vermögensebene:

- Der Veräußerer will in Erfahrung bringen, ob der Umstand der schlichten Weggabe des Vermögens – auf der Vermögensebene bzw. auf der Einkommensebene – der Geldeswert der ihm zugesagten Gegenleistungen bzw. der vereinbarten Vorbehalte (gerichtet auf Duldung oder Leistung) zur Verkürzung oder gar zum Wegfall möglicher künftiger Sozialleistungen, etwa im Pflegefall, führen.
- Der Erwerber mag auf der Vermögensebene besorgt sein, ob die Übertragung als solche bei bereits bestehendem oder später eintretendem Sozialleistungsbedarf Bestand hat, insbesondere im Hinblick auf die drohende Rückforderung als Folge späterer Verarmung (§ 528 BGB). Auf der Einkommensebene bewegt ihn die Frage, ob die vorbehaltenen ortsgebundenen dinglichen Rechte (etwa das Wohnungsrecht) bei Wegzug des Berechtigten erlöschen, darüber hinaus, ob sie sich, unabhängig von der Frage ihres Erlöschens, in Geldansprüche umwandeln, die den Erwerber sodann – nach Überleitung auf den Sozialleistungsträger – deutlich stärker belasten als es die Duldungsverpflichtung zuvor bewirkt hat.
- Weichende Geschwister schließlich fragen auf der Einkommensebene, in welchem Rangverhältnis die an andere Familienbeteiligte getätigten lebzeitigen Zuwendungen zu seiner eigenen Unterhaltsschuld (Inanspruchnahme in Form des Elternunterhalts, § 1601 ff. BGB) stehen und welche Ausgleichsregelungen über die Verteilung der »Soziallast« der Eltern im Geschwisterkreis sich empfehlen, einschließlich ihrer Besicherung.

Mit diesen Fragen beschäftigt sich die nachfolgende Übersichtsdarstellung.[1]

1 Vgl. hierzu vertiefend, allerdings auf dem Rechtsstand vom Dezember 2009, *Krauß*, Überlassungsverträge in der Praxis, 2. Aufl., insbesondere Rz. 318 bis 1013 und 1252 bis 1330.

I. Schonvermögen gemäß § 90 Abs. 2 SGB XII, § 12 Abs. 2 u. 3 SGB II

Die Prüfung der Schonvermögenseigenschaft aufgrund der Generalklausel (nachstehend II) ist entbehrlich, wenn einer der enumerativ im Gesetz genannten Tatbestände verwirklicht ist. In Betracht kommen bei Maßnahmen der vorweggenommenen Erbfolge vor allem

- Gegenstände zur Berufsausübung oder Erwerbstätigkeit (§ 90 Abs. 2 Nr. 5 SGB XII), beispielsweise land- und forstwirtschaftliche Grundstücke sowie das notwendige Betriebsvermögen eines übertragenen Gewerbebetriebs
- Mittel zur Hausbeschaffung oder -erhaltung (§ 90 Abs. 2 Nr. 3 SGB XII), die zur baldigen Realisierung des Eigenheimerwerbs bestimmt sein und der wohnwirtschaftlichen Nutzung eines Behinderten oder Pflegebedürftigen zugute kommen müssen
- sowie das angemessene, selbstgenutzte Eigenheim (§ 90 Abs. 2 Nr. 8 SGB XII). Erforderlich ist die Einhaltung sowohl des Nutzungs- als auch des Angemessenheitskriteriums, wobei im Ergebnis die Freistellung entweder insgesamt oder gar nicht gewährt wird (Alles-oder-Nichts-Prinzip). Sind die Angemessenheitskriterien verfehlt, steht es allerdings dem Sozialleistungsbezieher frei, das Objekt – dem gesetzlichen Auftrag gemäß – zu veräußern und hieraus ein angemessen kleineres Eigenheim zu erwerben; das Gesetz verlangt zeitlich keine Mindest-Vorbesitzzeit.

  Hinsichtlich der Nutzung ist lediglich die Eigennutzung zu Wohnzwecken,[2] und zwar durch den Hilfeempfänger selbst und/oder seinen nicht getrenntlebenden Ehegatten/Lebenspartner/Lebensgefährten geschützt. Nutzt also ein alleinstehender (verwitweter, geschiedener, lediger) Eigentümer das Objekt nicht mehr, etwa als Folge einer Heimunterbringung, verliert es schon damit seine Schonvermögenseigenschaft, auch wenn Kinder oder sonstige Angehörige noch dort wohnen sollten.

  Die Angemessenheit ihrerseits richtet sich nach der im Sozialhilferecht kodifizierten Kombinationstheorie nach sieben Faktoren, die in Abwägung untereinander insgesamt zu einem noch oder nicht mehr angemessenen Objekt führen.

Im Bereich der Grundsicherung für Arbeitsuchende hingegen stellt § 12 Abs. 3 S. 1 Nr. 4 SGB II allein auf die angemessene Größe ab, was zu seltsamen Friktionen führt (insbesondere angesichts der Tatsache, dass die Bundesarbeitsverwaltung sich dabei bisher an den Maximalgrößen des früheren sozialen Wohnungsbaus orientiert

2 Untergeordnete berufliche Nutzung schadet nicht, sofern sie räumlich nicht selbständig abtrennbar ist und den überwiegenden Charakter einer Wohnstätte nicht beeinträchtigt.

hat): Sehr wertvolle, bis zu 120 m² große Wohnungen in Innenstadtlage bleiben geschützt, während Einfamilienhäuser über 130 m² in ländlicher, niedrigpreisiger Lage verwertet würden. Das Bundessozialgericht hat immerhin zur Vermeidung gleichheitssatzwidriger Diskrepanzen die Höchstgrenzen zwischenzeitlich etwas reduziert.[3] Übersteigende Flächen werden systemwidrigerweise als (fiktives) Einkommen – in Höhe des nach der Sozialversicherungsentgeltverordnung (früher: Sachbezugsverordnung) anzusetzenden Nutzwerts pro Quadratmeter – angerechnet.

- Während im Bereich der Sozialhilfe nur sehr geringe Beträge (1.600 Euro bei der Hilfe zum Lebensunterhalt, 2.600 Euro bei der Hilfe in besonderen Lebenslagen: § 90 Abs. 2 Nr. 9 SGB XII) – und dann nur als tatsächliches Bar- und Sparvermögen – freigestellt werden, räumt § 12 Abs. 2 S. 1 Nr. 1 SGB II einen altersabhängigen Grundfreibetrag (150 Euro je Lebensjahr für den Hilfeempfänger und seinen Partner) ein, und zwar nicht notwendigerweise in Form von Finanzvermögen, sondern auch in Gestalt sonstiger Sachwerte (neben den weiter im Bereich des SGB II freigestellten Objekten, wie etwa dem angemessenen Kraftfahrzeug für jedes erwerbsfähige hilfebedürftige Mitglied der Bedarfsgemeinschaft). Dieser altersabhängige Grundfreibetrag kann – soweit er nicht bereits anderweit ausgeschöpft ist –, universell eingesetzt werden, er reduziert beispielsweise auch den Umfang eines einzusetzenden Pflichtteilsanspruchs.

II. Unverwertbarkeit gemäß § 90 Abs. 1 SGB XII, § 12 Abs. 1 SGB II

Greifen die vorstehend skizzierten, enumerativen Schonvermögenstatbestände nicht ein, ist zu prüfen, ob das Vermögen im Sinne der Generalklausel des § 90 Abs. 1 SGB XII, § 12 Abs. 1 SGB II (rechtlich oder wirtschaftlich) unverwertbar ist. Wirtschaftliche Unverwertbarkeit liegt vor, wenn auch bei günstigen Marktverhältnissen ein die Belastungen überschreitender Kaufpreis nicht erwartet werden kann, während rechtliche Unverwertbarkeit beispielsweise bei nicht pfändbaren Gegenständen[4] oder nicht übertragbaren Rechten (etwa höchstpersönlichen Duldungsansprüchen wie etwa dem Wohnungsrecht) gegeben ist. Pfändungsschutz vermitteln insbesondere die erbrechtlichen Instrumente der »asset protection«, also die Vor- und Nacherbfolge (§ 2115 BGB) sowie die Dauertestamentsvollstreckung (§ 2214 BGB, ergänzend in Bezug auf die aus dem vorerbschaftsgebundenen Vermögen erwirtschafteten Erträge).

Lange Zeit offen war die Frage, ob auch bei der lebzeitigen Vermögensnachfolge ein Verwertungsschutz möglich ist, der – vergleichbar §§ 2214, 2115 BGB – jedem,

3 BSG, 07. 11. 2006 – B 7b AS 2/05R, NZS 2007, 428: für einen 1- oder 2-Personenhaushalt 90 m², bei einer Eigentumswohnung 10 m² weniger, pro weitere Person 20 m² mehr.

4 Insbesondere aufgrund der Sachpfändungsprivilegien der §§ 811, 812 ZPO.

auch dem sozialrechtlichen Gläubiger entgegen gehalten werden kann. Als Schutzinstrument kommt in erster Linie die Vereinbarung eines Rückforderungsvorbehalts zugunsten des Veräußerers für den Fall der ohne Zustimmung vorgenommenen Veräußerung, Belastung, des Verwertungszugriffs Dritter oder der Insolvenzeröffnung in Betracht, wobei der nach Ausübung dieses Rückforderungsrechts entstehende Rückforderungsanspruch bei Immobilien durch eine Vormerkung gesichert wird (bei der Übertragung von Rechten oder Forderungen bedarf es einer für diesen Fall aufschiebend bedingten Rückabtretung, § 161 BGB).

Die »Gläubigerfestigkeit« dieser Konstruktion wurde unter dem Gesichtspunkt des § 138 BGB (sittenwidrige Gestaltung) sowie des § 119 InsO (unwirksame Lösungsklausel) in Frage gestellt. Auch wurde vorgebracht, in der Vereinbarung läge eine durch Gläubiger anfechtbare Rechtshandlung gemäß §§ 132 ff. InsO bzw. § 3 AnfG. Diese Angriffe hat der BGH in mehreren Entscheidungen der Jahre 2007/2008 zurückgewiesen[5], jedenfalls wenn das Rückforderungsrecht nicht nachträglich vereinbart wird und werterhöhende Investitionen, die der Erwerber während seiner Eigentumszeit getätigt hat, zumindest nach den Grundsätzen der aufgedrängten Bereicherung wieder ausgeglichen werden.[6]

Die »Sozialfestigkeit« dieses vormerkungsgeschützten Rückforderungsrechts war jedoch lange Jahre umstritten. Die verwaltungsgerichtliche Rechtsprechung[7] sah in der Geltendmachung des Rückforderungsrechts für den Fall, dass die Verwertung der Immobilie durch einen Sozialleistungsgläubiger verlangt würde, eine sittenwidrige Maßnahme mit der Folge, dass die Vormerkung für diesen Fall der Rückforderung aufgrund ihrer akzessorischen Natur keinen Schutz mehr biete. Damit hätte die lebzeitige Übertragung gegenüber der letztwilligen Zuwendung (in Gestalt des Behinderten- bzw. Bedürftigentestaments) einen deutlichen Nachteil, soweit es nicht um die Abwehr normaler zivilrechtlichter Gläubiger oder des Insolvenzverwalters, sondern des sozialstaatlichen Zugriffs geht. Mit dem Übergang der Zuständigkeit von den Verwaltungs- auf die Sozialgerichte ab 01. 01. 2006 hat sich der Schwerpunkt deutlich verschoben: So entschied etwa das Landessozialgericht Nordrhein-Westfalen,[8] dass auch schuldrechtliche, relative Verfügungsverbote zur Unverwertbarkeit des Vermögens führen. Das Bundessozialgericht[9] hat hierzu ausgeführt, dem Begriff der Unverwertbarkeit komme auch eine zeitliche Komponente

5 BGH, 07. 12. 2007 – V ZR 21/07, Tz. 10, ZNotP 2008, 81; BGH v. 13. 03. 2008 – IX ZB 39/05, ZNotP 2008, 290 ff.

6 Vgl. die Wertung des BGH, 19. 04. 2007 – IX ZR 59/06, ZNotP 2007, 307 m. zust. Anm. *Kesseler*, ZNotP 2007, 303: Anfechtbarkeit einer Heimfallregelung beim Erbbaurecht im Fall vollständigen Ausschlusses der Entschädigung.

7 insbesondere VG Gießen, DNotZ 2001, 784, mit ablehnender Anmerkung *J. Mayer*.

8 Urteil v. 30. 08. 2007 – L 7(12) AS 8/07.

9 Urteil v. 06. 12. 2007 – B 14/7b AS 46/06, MittBayNot 2008, 239 = NotBZ 2008, 195 m. Anm. *Krauß*.

zu mit der Folge, dass Vermögen aufgrund der Generalklausel jedenfalls dann geschützt sei, wenn es »in absehbarer Zeit« (Tz. 12 der Urteilsgründe) bzw. »bis auf weiteres« (Tz. 15 der Urteilsgründe) keinen wirtschaftlichen Nutzen durch Verkauf oder Belastung vermitteln könne. Die Absehbarkeit des Zeitraums orientiert sich an der Zeitphase, für die einheitliche Hilfe gewährt wird (im Rahmen der Grundsicherung für Arbeitsuchende also für sechs Monate, § 41 Abs. 1 S. 4 SGB II, bzw. für einen Zeitraum von zwölf Monaten, wenn keine Veränderung der Verhältnisse zu erwarten ist, § 4 Abs. 1 S. 5 SGB II). Demnach könnte sogar die bloße Belastung mit einem Nießbrauch schon zur Unverwertbarkeit führen, wenn nach den Marktverhältnissen der Verkauf des nießbrauchsbelasteten Grundstücks jedenfalls während des folgenden Jahres nicht durchgeführt werden kann.[10] Im Ergebnis ist also zwischenzeitlich der Vermögensschutz gegen den sozialrechtlichen Zugriff auf dem gleichen (hohen) Niveau wie der zivilrechtliche Zugriffschutz. Voraussetzung ist jedoch, dass mit der Ausgestaltung des Rückforderungsvorbehalts alle Gläubiger gleich behandelt werden, die »Sperre« also nicht etwa nur für den Fall des sozialrechtlichen Zugriffs greift.

III. Unbillige Härte (§ 90 Abs. 3 SGB XII, § 12 Abs. 3 Nr. 6 SGB II)

Die Auffangnorm soll ungewöhnliche Fälle erfassen, bei denen eine Lockerung der Schonvermögensregelung geboten ist, auch im Hinblick auf die Herkunft des Vermögens und die Ursache der Not. Die drei sozialrechtlichen Facetten der unbilligen Härte hat das Bundessozialgericht vor kurzem[11] mit Blick auf die Heranziehung eines Pflichtteilsanspruchs (wie er auch bei der vorweggenommenen Erbfolge etwa flankierend als Pflichtteilsergänzungsanspruch entstehen mag) entwickelt:

Eine solche besondere Härte kann zum einen (1) – moralisch/ethisch – in einer nachhaltigen Störung des Familienfriedens liegen[12] oder in unzumutbaren Auswirkungen auf den pflichtteilsbelasteten Erben, etwa weil dieser den nun pflichtteilsberechtigten Sozialleistungsempfänger lange Zeit gepflegt und damit höhere Sozialleistungen vermieden hat[13], oder aber (2) – materiell, einkommensbezogen – sich dadurch verwirklichen, dass den Erben die Aufnahme eines Darlehens zur Auszahlung des Pflichtteilsanspruchs finanziell so einschränken würde, dass ihm weniger

10 In der Tatsacheninstanz des in vorstehender Fußnote erwähnten BSG-Urteils hatte der Grundsicherungsträger unstreitig gestellt, dass Nachfrage nach einem nießbrauchsbelasteten Grundstück dieser Art nicht bestehe.

11 BSG, 06. 05. 2010 – B 14 AS 2/09, ZEV 2010, 585.

12 Nach BSG, 06. 05. 2010 – B 14 AS 2/09 R, ZEV 2010, 585 genügt dafür aber nicht die Wertung, die in der Abfassung eines Berliner Testaments zum Ausdruck kam; großzügiger *Klühs* ZEV 2011, 15, 16 bei Vorliegen einer Pflichtteilsstrafklausel.

13 BVerwG, 10. 03. 1995 – 5 B 37/95 – Buchholz 436.0, § 90 BSHG Nr. 23.

Einkommen bleibt als Verwandte gemäß § 9 Abs. 5 SGB II gegenüber dem Hilfeempfänger verteidigen könnten [§ 1 Abs. 2 und § 4 Abs. 2 Alg II-VO: doppelte Regelleistung – also 718 Euro, ab 2012 728 Euro – zuzüglich Kosten der Unterkunft und Heizung, zuzüglich der Hälfte des übersteigenden Einkommens]. Sie kann schließlich (3) – materiell, vermögensbezogen – auch vorliegen, wenn der Erbe verpflichtet wäre, zur Erfüllung des Pflichtteilsanspruchs Vermögen zu verwerten, das er als Sozialleistungsbezieher verteidigen könnte, etwa das selbstgenutzte Familienheim[14], § 90 Abs. 2 Nr. 8 SGB XII / § 12 Abs. 3 Nr. 4 SGB II.

B. Zugriffsrisiken beim Veräußerer

I. Sittenwidrigkeit der Übertragung?

Bislang liegen nur wenige, überwiegend verwaltungsrechtliche[15] Judikate vor, die die Übertragung als solche bei Bezug von steuerfinanzierten Sozialfürsorgeleistungen durch den Veräußerer als sittenwidrig einstufen; die Sittenwidrigkeit umfasst dann auch die an sich wertneutrale Auflassung (weil gerade in der dinglichen Übertragung der Verstoß gegen das Sittengesetz liegt), ohne dass § 817 S. 2 BGB entgegensteht. Für diese – im Vergleich zur Beurteilung nachehelicher Unterhaltsregelungen – zurückhaltende Wertung spricht die erga-omnes-Wirkung sachrechtlicher Übertragungsvorgänge, aber auch die Wertung des Sozialhilferechts selbst, wo in § 26 Abs. 1 S. 1 Nr. 1 SGB XII, § 31 Abs. 4 SGB II, für den Fall, dass ein Hilfeempfänger sein Vermögen in der Absicht (!) vermindert hat, die Voraussetzungen für den Bezug der Sozialleistung herbeizuführen, nicht etwa die Unwirksamkeit der Vermögensminderung, sondern lediglich die Reduzierung der staatlichen Leistung auf das »Unerlässliche« angeordnet wird.

II. Rückforderung gemäß § 528 BGB

Demgegenüber hat sich die Rückforderung von Schenkungen bei Verarmung des Veräußerers binnen zehn Jahren ab Vollzug in der Praxis zum Haupteinfallstor des sozialstaatlichen Zugriffs bei späterem Leistungsbezug des Veräußerers entwickelt; alle veröffentlichten höchstrichterlichen Entscheidungen betreffen interessanterweise Sachverhalte, in denen nicht etwa der verarmte Schenker selbst die Rückfor-

14 *Angermeier,* Soziale Sicherung, 2010, S. 194, 196.

15 So etwa OVG Nordrhein-Westfalen, NJW 1989, 2834; VG Freiburg, Zeitschrift für Fürsorgewesen, 1980, S. 15; VG Düsseldorf, 25. 01. 2008 – 21 K 3379/07, ZfSH 2008, 307.

derung erklärte, sondern diese durch den Fiskus (nach Überleitung durch Verwaltungsakt gemäß § 93 Abs. 1 S. 1 SGB XII bzw. Übergang kraft Gesetzes gemäß § 33 SGB II) erfolgte. Diese Überleitung ist gesetzlich ausdrücklich gestattet, auch wenn der Betreffende die Rückforderung nicht selbst ausüben sollte, während ein zivilrechtlicher Gläubiger oder Insolvenzverwalter gemäß § 852 Abs. 2 ZPO, § 36 Abs. 1 InsO (noch) nicht zugreifen könnte.

1. Tatbestandsvoraussetzungen

Erfasst sind alle Schenkungen, auch gemischte Schenkungen oder Schenkungen unter Auflage (§ 525 BGB), nicht jedoch beispielsweise Ausstattungen gemäß § 1624 BGB. Letztere liegen v.a. vor bei der Übertragung von Betriebsvermögen (»Begründung einer selbständigen Wirtschaft«). Auch Pflicht- und Anstandsschenkungen unterliegen nicht der Rückforderung wegen Verarmung, § 534 BGB.

Verschont werden Schenkungen erst, sobald seit ihrer Vollziehung bereits mehr als zehn Jahre verstrichen sind (maßgeblich ist die Perspektive des Beschenkten – »*ge*schenkten Gegenstands« – nicht, wie bei § 2325 Abs. 3 BGB, des Schenkers (dortiger Wortlaut: »seit der Leistung des *ver*schenkten Gegenstands«), so dass der Eintritt des rechtlichen Leistungserfolgs beim Beschenkten den Fristbeginn auslöst). Anders als beim Pflichtteilsergänzungsanspruch hindert ein Vorbehaltsnießbrauch das Anlaufen der Frist nicht;[16] der Rückbehalt des Nutzungsrechts reduziert jedoch den Schenkungsumfang, ein späterer Verzicht auf das Nutzungsrecht stellt allerdings eine neuerliche Zuwendung dar, die erneut eine Zehn-Jahres-Frist in Gang setzt.

Ein »Abschmelzen« der Anspruchshöhe findet bei § 528 BGB auch nach der »kleinen Erbrechtsreform« nicht statt.

Der – vor Fristablauf nötige – Verarmungstatbestand setzt ein mit dem Bezug von steuerfinanzierten Sozialfürsorgeleistungen oder von unterhaltsersetzenden Leistungen privater Dritter, auf die kein gesetzlicher Anspruch besteht, sondern die vielmehr gegen Entgelt oder unter dem Vorbehalt des Regresses erbracht werden. Unterstützt also der Beschenkte oder unterstützen Verwandte den Veräußerer bis zum Erreichen des Zehn-Jahres-Zeitraums, ohne Anspruch auf Rückzahlung des überobligationsmäßig Geleisteten zu erheben, tritt noch keine Verarmung ein.

Die Verarmung muss schließlich nicht kausal auf die Übertragung zurückzuführen sein, sondern nur zeitlich nach der Übertragung bestehen. Auch die Übertragung von Schonvermögen, das beanstandungsfrei vorhanden sein kann, löst also § 528 BGB aus, obwohl die Sozialleistung dadurch nicht erhöht wird. Gleichwohl kann es in Einzelfällen sinnvoll sein, z.B. das selbstgenutzte angemessene Eigenheim eines Sozialleistungsbeziehers auf Kinder zu übertragen, um zu vermeiden,

16 Vgl. ausführlich *Schippers*, RNotZ 2006, 42 ff., Abschnitte D III und IV.

dass es andernfalls nach dem Tod des Hilfeempfängers gemäß § 102 SGB XII, § 35 SGB II, als Nachlassbestandteil ohne weitere Schonvermögenseigenschaft verwertet wird, zum Ausgleich der in den letzten zehn Jahren vor dem Tod bezogenen Sozialleistungen – diese Flucht vor dem Erbenregress wird allerdings erkauft durch die Zahlung von Wertersatzleistungen in Höhe der monatlichen Unterhaltslücke für die verbleibenden Bedarfsmonate bis zum Tod, so dass sich diese Gestaltung um so mehr lohnt, je weniger Lebenszeit dem Veräußerer noch verbleibt.[17]

2. Rechtsfolgen

Hinsichtlich des Inhalts des Rückforderungsanspruchs ist zu differenzieren zwischen vier Sachverhaltsalternativen, als Folge der in § 528 BGB enthaltenen Verweisung auf das Bereicherungsrecht:

- Ist der Aktivwert des Geschenks niedriger als die bereits akkumulierte Bedarfslücke (etwa da schon ein Bedarf von vielen Monaten aufgelaufen ist bis zur Geltendmachung der Rückforderung), richtet sich der Anspruch auf Rückgabe des geschenkten Objekts in Natur (gegebenenfalls Zug um Zug gegen Erstattung der Gegenleistungen), § 812 Abs. 1 BGB – Naturalrestitution).
- In diesen Fällen des vorgenannten Spiegelstrichs erlaubt das Gesetz in § 528 Abs. 1 S. 2 BGB, durch Ausübung einer Ersetzungsbefugnis (facultas alternativa) an die Stelle des zurückzugebenden Objekts eine Unterhaltsrente (dann allerdings der Höhe nach nicht begrenzt auf den Bereicherungswert des übertragenen Objekts) zu setzen, z. B. weil der Gegenstand von besonderem affektivem Wert ist oder großes Wertsteigerungspotential aufweist. Sie wird in der Praxis selten verwendet.
- Regelfall ist hingegen, dass der Aktivwert des Geschenks die Bedarfslücke überschreitet. Ist das Objekt – wie etwa bei Grundstücken oder Betrieben[18] – der Natur nach unteilbar, richtet sich der Rückforderungsanspruch gemäß § 818 Abs. 2 BGB auf Wertersatz in Geld, in Höhe der jeden Monat beim Veräußerer auftretenden Bedarfslücke. Aus der Schenkung wird also – Monat für Monat mehr – ein Kaufvertrag, wobei die Geldleistungen nicht Unterhaltscharakter haben (so dass ihnen mangelnde eigene Leistungsfähigkeit entgegengehalten werden könnte), sondern es sich um Geldschulden handelt, für die der Grundsatz uneingeschränkten Einstehenmüssens, § 276 Fall 3 BGB, gilt. Allerdings kann sich der Erwerber auf Entreicherung (§ 818 Abs. 3 BGB) berufen, solange er

17 Stellt sich dieser Zeitraum doch deutlich länger als erwartet dar, kann die sonst fortlaufende Pflicht zur Leistung monatlicher Wertersatzzahlungen beendet werden durch Rückgabe des Gegenstands in Natur – umgekehrte Ersetzungsbefugnis.

18 Sofern nicht § 1624 BGB das Problem löst.

nicht verschärft haftet (§§ 818 Abs. 4, 819 Abs. 1 BGB); hat er den erhaltenen Gegenstand selbst weiterverschenkt, haftet der Zweitbeschenkte – ohne Rücksicht auf eigene Kenntnis – gemäß § 822 BGB. Letzteres gilt auch bei der Weitergabe im Wege ehebedingter Zuwendung[19].

- Lange Zeit war ungeklärt, ob auch für den Regelsachverhalt des vorangehenden Spiegelstrichs (bei welchem der Anspruch auf periodische Zahlung von Geld, nicht auf Rückgabe des Gegenstands in Natur gerichtet ist) die Möglichkeit einer »umgekehrten« Ersetzungsbefugnis besteht, der Beschenkte sich also durch Rückgabe des Gegenstands in Natur von den Pflichten des § 528 BGB befreien könnte. Wurde bereits bisher propagiert[20], zumindest vertraglich müsste eine solche Ersetzungsmöglichkeit geschaffen werden können – da § 528 BGB eine Ausprägung der Grundsätze des § 313 BGB (Änderung der Geschäftsgrundlage) sei, bleibe die Art der Anpassung den Beteiligten überlassen –, hat der BGH[21] zwischenzeitlich die Möglichkeit einer solchen Ersetzung bereits aus seiner Analogie zu § 528 Abs. 1 S. 2 BGB, letztlich fußend auf § 242 BGB, geschöpft. Macht der Beschenkte hiervon Gebrauch, wandelt sich seine Pflicht von einem einkommensrelevanten in einen vermögensrelevanten Tatbestand, mit der Folge, dass – nach Rückübertragung an den Veräußerer – u.U. weiterhin, bis zum Tod, die Schonvermögenseigenschaften (angemessenes Eigenheim) greifen können.

Auch zivilrechtlich kann die Verwendung der umgekehrten Ersetzungsbefugnis Bedeutung erlangen, und zwar im Rahmen des § 529 Abs. 2 BGB, der den »angemessenen Unterhalt des Beschenkten« zu schonen aufgibt. Zur Bemessung zieht die Rechtsprechung[22] die familienrechtlichen Grundsätze zur Schonung des Verpflichteten im Rahmen des Elternunterhalts heran. Schuldet der Beschenkte nun Wertersatzzahlungen in Geld (sind also die Bestimmungen zum Elternunterhalt aus Einkommen relevant), werden die diesbezüglichen Grenzen (1.500 Euro für den Unterhaltspflichtigen) selten unterschritten sein, da die Rechtsprechung[23] die Erträge aus der zugemuteten Veräußerung des zugewendeten Objekts selbst mit einbezieht. Richtet sich aber der Anspruch gegen den Beschenkten auf die Rückgabe des Gegenstands selbst (weil der Aktivwert von vornherein geringer ist als die Lücke – oben, 1. Spiegelstrich – oder aufgrund Ausübung der umgekehrten Ersetzungsbefugnis – 4. Spiegelstrich), sind hingegen die Bestimmungen über den Unterhalt aus Vermögen maßgeblich, so dass der Beschenkte ein von ihm selbst zu Wohnzwecken genutztes Eigenheim, gleich welcher Größe, verteidigen kann, ebenso eine vermietete Immobi-

19 BGH, ZNotP 2000, 27.
20 So schon bisher *Krauß*, Überlassungsverträge in der Praxis, 2. Aufl. 2010, Rz. 868 ff.
21 BGH, 17. 12. 2009 – Xa 6/09, NotBZ 2010, 141 m. Anm. *Krauß*.
22 BGH, NJW 2000, 3488; NJW 2001, 1207; OLG Celle, OLGR 2003, 274.
23 BGH, FamRZ 1994, 815 (S. 816, rechte Spalte).

lie, deren Einkünfte zur Alterssicherung erforderlich sind.[24] Bei wörtlicher Anwendung der BGH-Grundsätze zum Elternunterhalt wäre dann ein vom Erwerber selbstgenutztes Eigenheim nach Ausübung der umgekehrten Ersetzungsbefugnis geschont.

Der Rückforderungsanspruch unterliegt ab Eintritt der Verarmung einer dreijährigen, bei Grundstücksübertragungen zehnjährigen (§ 196 BGB) Verjährung[25].

3. Konkurrenzverhältnis

Bei mehreren nacheinander Beschenkten haftet der später Beschenkte gemäß § 528 Abs. 2 BGB zuerst; kann sich letzterer jedoch beispielsweise auf § 529 Abs. 2 BGB (Gefährdung eigenen Unterhalts) oder auf § 818 Abs. 3 BGB berufen, ist der frühere Beschenkte wieder unmittelbar verpflichtet.

Bei mehreren gleichzeitig Beschenkten (wie dies im Weg vorweggenommener Erbfolge etwa bei Zahlung von Gleichstellungsgeldern an Geschwister stattfindet, auch wenn diese vom Erwerber des Sachobjekts aufgebracht werden) greifen nach Ansicht des BGH[26] die Grundsätze der Gesamtschuldnerhaftung, mit Innenausgleich nach Köpfen (§ 426 BGB), wenn keine andere Regelung getroffen wird, was sich in der Regel empfiehlt (siehe nachstehend IV).

4. Verarmungsrisiko auf Geschwisterseite

Bis zum 01. 01. 1999 bestand die Gefahr, infolge des Erwerbs des überwiegenden elterlichen Vermögens gem. § 419 BGB a.F. die z.Zt. der Übergabe schon »im Keim« (wenn auch nicht notwendig in Barleistungsform) vorhandene Unterhaltspflicht der Eltern gegenüber den Geschwistern infolge des gesetzlichen Schuldbeitritts übernommen zu haben.[27] Es verbleibt jedoch auch danach das Risiko des Zugriffs auf Pflichtteilsergänzungsansprüche des weichenden Geschwisters,[28] das allenfalls durch rechtzeitige Pflichtteilsverzichte gebannt werden kann. Letztere ver-

24 So der Sachverhalt in der erfolgreichen Verfassungsbeschwerde zum Elternunterhalt, BVerfG, NJW 2005, 1927, zum sogenannten „Bochumer Modell“ einer künstlichen Leistungsfähigkeit durch „aufgedrängte“ Darlehensaufnahme.

25 BGH, 22. 04. 2010 – Xa ZR 73/07, DNotZ 2010, 834.

26 BGH, MittBayNot 1998, 89 ff.

27 Vgl. *Karpen*, MittRhNotK 1988, 146.

28 Vgl. zur Geltendmachung des Pflichtteilsanspruchs durch den Sozialhilfeträger, auch bei einer „Pflichtteilsstrafklausel“, BGH, MittBayNot 2005, 314 sowie *J. Mayer*, MittBayNot 2005, 286.

stoßen auch in sozialrechtlich gefärbtem Kontext nur selten gegen § 138 BGB[29], und unterliegen – anders als bspw. der Verzicht auf nachehelichen Unterhalt – nur sehr begrenzt einer richterlichen Wirksamkeits- oder Ausübungskontrolle.

Demgegenüber wird jedoch leicht übersehen, dass auch § 528 BGB bei der Verarmung des Geschwisters seine Schatten werfen kann, da § 93 Abs. 1 S. 1 SGB XII bei der Gewährung von Hilfen in besonderen Lebenslagen (etwa der Eingliederungshilfe für Behinderte) auch die Überleitung von Ansprüchen der Eltern des Hilfeempfängers (des Geschwisters) gegen einen Dritten (den Übernehmer eines Wirtschaftsguts, das die Fähigkeit der Eltern zur Unterhaltsgewährung an andere Angehörige gem. § 528 Abs. 1 S. 1 2. Alt. BGB verringert hat). Zu ermitteln ist hierfür in jedem Einzelfall, ob und inwieweit die Eltern, hätten sie nicht übergeben, in höherem Maße leistungsfähig geblieben und dem Geschwister gegenüber weiter zur Unterhaltsleistung verpflichtet gewesen wären, und zwar auch sozialhilferechtlich, d.h. ggf. unter Berücksichtigung der Begrenzung der elterlichen Heranziehung auf monatlich 26,00 Euro bzw. 20,00 Euro für Hilfen in besonderen Lebenslagen bzw. Hilfe zum Lebensunterhalt (§ 94 Abs. 2 SGB XII).

Diesem übergeleiteten Anspruch kann der (selbst nicht verarmte) Erwerber gem. § 529 Abs. 2 BGB dieselbe unterhaltsrechtliche Verteidigung entgegenhalten, die er seinen Eltern gegenüber bei deren unmittelbarer eigenen Verarmung aufzubieten imstande wäre (orientiert an den Schonvermögensbestimmungen, sofern der Inhalt des Rückforderungsanspruchs auf Rückgabe des Vermögens gerichtet ist –, sonst an der Schonung des Einkommens). Ob das Objekt gegenständlich zum Schonvermögen des Veräußerers gehören würde (angemessenes Eigenheim etc.) spielt (auch über § 93 Abs. 1 Satz 3 SGB XII) keine Rolle, da der Rückforderungsberechtigte selbst nicht Hilfeempfänger ist. Rechtzeitige Übertragung verschafft jedoch nach Ablauf der Zehn-Jahres-Frist des § 529 Abs. 1 BGB auch insoweit Regressschutz.

29 BGH, 19. 01. 2011 – IV ZR 7/10, FamRZ 2011, 472 = NotBZ 2011, 168 m. Anm. *Krauß*, ebenso zuvor OLG Köln, 09. 12. 2009 – 2 U 46/09, ZEV 2010, 85 m. krit. Anm. *Armbrüster* einerseits und zu Recht zustimmender Anm. *Bengel/Spall* ZEV 2010, 195 (Replik *Armbrüster* ZEV 2010, 555) andererseits; zustimmend auch *v. Proff zu Irnich* ZErb 2010, 206 ff. und *Vaupel* RNotZ 2010, 141 ff.; ablehnend: *Dutta* AcP 2009, 793; *ders.*, FamRZ 2010, 841, 843. Differenzierend *Kluhs* ZEV 2011, 15, 18 (bei Behinderten ja, bei Bedürftigen nein).

1. Wegfall?

Richtet sich der Inhalt vorbehaltener dinglicher Nutzungsrechte (insbesondere des Wohnungsrechts) – mangels abweichender dinglicher Vereinbarungen – allein nach dem BGB, führt die bloße dauernde Unmöglichkeit der Ausübung durch den Berechtigten (als Folge seiner Heimunterbringung) nicht bereits per se zum Wegfall des dinglichen Rechts. Es erlischt vielmehr erst, wenn es niemandem mehr einen Vorteil bieten könnte, also die objektiven Ausübungsvoraussetzungen (etwa infolge Zerstörung des Gebäudes – ein Wiederaufbau wäre nur im Fall einer Wohnungsgewährungsreallast geschuldet) endgültig entfallen sind.[30] Es bedarf also einer Löschungsbewilligung, auf die jedoch kein gesetzlicher Anspruch besteht.[31] Eine »bereits jetzt« erteilte Löschungsbewilligung »für den Fall des Eintritts der Pflegebedürftigkeit« ist – da die Bedingung nicht allein aus dem Grundbuch ersichtlich ist (wie etwa bei der Bewilligung der Löschung der Kaufvormerkung »bei Fehlen nachrangiger Eintragungen«) – nicht tauglich, ebenso wenig eine unter dieser Bedingung stehende Löschungsvollmacht[32].

Das dingliche Recht ändert nicht seinen Wesensinhalt, es ist also weiterhin lediglich darauf gerichtet, den Eigentümer dazu zu verpflichten, dass er die Benutzung durch den Berechtigten zu dulden habe. Zur »Säuberung« des Grundbuchs bedarf es daher der Vereinbarung einer auflösenden Bedingung, und zwar einer solchen, deren Nachweis mit Mitteln des § 29 GBO genügt. In Betracht kommt beispielsweise das Abstellen auf ein amtsärztliches Zeugnis, eine Meldebescheinigung oder eine notarielle Eigenurkunde:

> Formulierungsvorschlag: (Er-)löschen des dinglichen Wohnungsrechts gegen amtsärztliches Attest
>
> Das dingliche Wohnungsrecht und die ihr zugrunde liegende Abrede erlöschen, wenn es durch den Berechtigten voraussichtlich auf Dauer nicht mehr ausgeübt werden kann. Dasselbe gilt, wenn ein amtsärztliches, gesiegeltes, Attest des Inhalts vorgelegt wird, dass der Berechtigte aus gesundheitlichen Gründen voraussichtlich dauernd an der Ausübung gehindert ist.

Alternativ kann auch darauf abgestellt werden, zum grundbuchlichen (§ 29 GBO!) Nachweis des Erlöschens des Wohnungsrechtes (und damit der Unrichtigkeit des Grundbuchs, § 22 GBO) auf eine Bescheinigung der Meldebehörde abzustellen[33], dass dort eine Abmeldung dieser Wohnung erfolgt sei. Freilich erlaubt

30 BGH, 19. 01. 2007 – V ZR 163/06, NotBZ 2007, 129 m. Anm. *Krauß*.
31 LG Heidelberg, 12. 01. 2009 – 7 O 14/09.
32 Zu beidem OLG Hamm, 02. 08. 2010 – 15 W 265/10, ZfIR 2010, 702.
33 So etwa *Müller-von Münchow* ZEV 2009, 549 f.

das bundesrechtliche Rahmengesetz (in § 16 Abs. 2 MRRG), bei der Übersiedlung in ein Alten- oder Pflegeheim von der Ummeldung abzusehen[34]; ferner besteht bei einer (zur Vermeidung einer Betreuerbestellung) aufgenommenen Vollmacht an den Erwerber, den Wohnungsberechtigten abzumelden, die Gefahr einer missbräuchlich verführten Löschung.

Formulierungsvorschlag: (Er-)Löschen des dinglichen Wohnungsrechts durch Abmeldebescheinigung

Das dingliche Wohnungsrecht und die ihr zugrunde liegende Abrede erlöschen, wenn es durch den Berechtigten voraussichtlich auf Dauer nicht mehr ausgeübt werden kann. Dasselbe gilt, wenn der Berechtigte bei der zuständigen Meldebehörde weder mit Haupt- noch mit Nebenwohnung gemeldet ist; der Berechtigte bevollmächtigt hiermit den Erwerber, diese Abmeldung vorzunehmen, wenn die vom Wohnungsrecht erfassten Räume tatsächlich weder als Haupt- noch als Nebenwohnung mehr dienen.

Schließlich kann das Instrument der »Eigenurkunde des Notars« eingesetzt werden, um externe Nachweise, die ihrerseits nicht der Beweismittelbeschränkung des § 29 GBO genügen, in die Sphäre des § 29 GBO »hochzustufen«.

Formulierungsvorschlag: (Er-)Löschen des dinglichen Wohnungsrechts gegen notarielle Eigenurkunde

Das dingliche Wohnungsrecht und die ihr zugrunde liegende Abrede erlöschen, wenn es durch den Berechtigten voraussichtlich auf Dauer nicht mehr ausgeübt werden kann, oder wenn dem Grundbuchamt eine notarielle Eigenurkunde über das Erlöschen vorgelegt wird. Der amtierende Notar, sein Vertreter und Nachfolger im Amt werden hiermit in stets widerruflicher Weise angewiesen, diese Eigenurkunde zu fertigen, wenn dem Notar ein schriftliches ärztliches Attest vorgelegt wird, demzufolge der Berechtigte aus gesundheitlichen Gründen voraussichtlich dauernd an der Ausübung des Wohnungsrechtes durch Selbstnutzung gehindert ist.

2. »Umwandlung« in Geldansprüche?

Die sich anschließende zweite Frage, ob an die Stelle der nicht mehr ausübbaren oder dauerhaft nicht mehr ausgeübten tatsächlichen, ortsgebundenen Berechtigung entschädigungshalber wiederkehrende Geldleistungsansprüche treten, die sodann als Einkommen beim Veräußerer anzurechnen sind (und den Erwerber oft weit mehr tatsächlich belasten, als es die bloße Duldung bewirkt hat), war Gegenstand einer längeren Entwicklung. Solche Geldansprüche können sich zum einen ergeben aus dem landesrechtlichen Leibgedingsrecht (nachstehend a), den Grundsätzen über die Änderung der Geschäftsgrundlage (nachstehend b) sowie aus einer ergänzenden Vertragsauslegung (nachstehend c).

34 Davon macht etwa Art. 25 Abs. 1 Satz 1 BayMeldeG Gebrauch; autorisiert aber andererseits den Heimleiter in Art. 25 Abs. 1 Satz 3 BayMeldeG zur Anmeldung.

a) Leibgedingsrecht

Soweit landesrechtliche Bestimmungen über das Leibgedingsrecht Anwendung finden – also die Übertragung einer zumindest abstrakt ertragsichernden Wirtschaftseinheit gegen eine Mehrzahl von nicht kaufmännisch abgewogenen Leistungen stattfindet -, führen diese regelmäßig zu einer Auszugsrente, deren Höhe sich z. B. nach Art. 19, 20 BayAGBGB im Regelfall an den ersparten Aufwendungen orientiert, bei einem durch den Erwerber (etwa als Folge unterlassener Instandhaltungsmaßnahmen) »verschuldeten« Auszug jedoch an der Höhe des Aufwands für anderweitige Ersatzbeschaffung. Die Bemessung dieser Auszugsrente ist oft Gegenstand landesweiter Abstimmung im Sinn einer Selbstbindung der Verwaltung (so wird etwa in Bayern für den Wegfall der ortsgebundenen Verpflichtung zu Wart und Pflege pauschal das Pflegegeld der Pflegestufe I, also monatlich 225 Euro, angesetzt, für den Wegfall der Nutzung einzelner Räume, die keine abgeschlossene Wohnung bilden, pro Zimmer 25 Euro pro Monat, für die Übernahme der Nebenkosten für Strom etc. weiter pauschal 7,50 Euro pro Monat[35]).

Landesrechtliche Leibgedingsbestimmungen sind dispositiv, können also vertraglich abbedungen werden.

b) § 313 BGB?

Während einzelne Oberlandesgerichte[36] in der späteren Heimunterbringung des Wohnungsrechtsinhabers einen Umstand sahen, der bei Vereinbarung des Wohnungsrechts nicht berücksichtigt worden sei, so dass der der Wohnungsrechtsbestellung zugrundeliegende schuldrechtliche Vertrag in Richtung auf eine wiederkehrende Geldleistung anzupassen sei, hat der BGH[37] in Übereinstimmung mit der Literatur und anderen Oberlandesgerichten[38] zwischenzeitlich zutreffend festgestellt, »bei der Vereinbarung eines lebenslangen Wohnungsrechtes musste jeder Vertragsteil grds. damit rechnen, dass der Berechtigte sein Recht wegen Krankheit und Pflegebedürftigkeit nicht bis zum Tod ausüben kann. Der Umzug in ein Pflegeheim ist daher i.d.R kein Grund, den der Bestellung zugrunde liegenden Vertrag nach § 313 BGB anzupassen«.

35 Vgl. im einzelnen *Krauß*, Überlassungsverträge in der Praxis, 2. Aufl. 2010, Rz. 978.

36 Etwa OLG Köln, FamRZ 1991, 1432; OLG Düsseldorf, NJW-RR 1988, 326; OLG Köln, ZEV 1997, 937.

37 BGH, 09. 01. 2009 – V ZR 168/07, ZNotP 2009, 147, NotBZ 2009, 222 m. Anm. *Krauß*.

38 OLG Koblenz, 15. 11. 2006 – I U 573/06; OLG Oldenburg, 11. 10. 2007 – 14 U 86/07.

c) »Interessengerechte« Vertragsauslegung?

In zwei Entscheidungen der Jahre 2001[39] und 2003[40] hat der BGH Vertragsklauseln, die in den siebziger Jahren zur Umschreibung der übernommenen Pflegeverpflichtungen gewählt wurden, so restriktiv ausgelegt, dass der Fall der dauernden Heimunterbringung als nicht geregelte Lücke erscheint. So wurde z.B. eine Verpflichtung zur »Pflege, solange kein Krankenhausaufenthalt notwendig wird« nicht etwa so verstanden, dass der deutlich längere Pflegeheimaufenthalt erst recht zu einer Beendigung der Pflegepflicht führen solle – vielmehr sei die Regelung lückenhaft und die Lücke sodann durch »interessengerechte Vertragsauslegung«, orientiert am »umfassenden Versorgungswillen des Übergebers« (und der dem Veräußerer, einem Landwirt, unterstellten Willen, »der Allgemeinheit nicht zur Last zu fallen«) dergestalt zu füllen, dass an die Stelle der nicht mehr in Natur zu erbringenden Leistung eine finanzielle Beteiligung an den stationären Heimkosten in Höhe der ersparten Aufwendungen trete (in der Entscheidung des Jahres 2003 summierten sich ersparte Wasser-, Strom- und Instandhaltungsaufwendungen sowie ersparter Verpflegungsaufwand auf insgesamt immerhin 982 Euro im Monat).

Segelte diese Rechtsprechung im ersten Leiturteil vom 21. 09. 2001 (V ZR 14/01) noch unter der dogmatischen Flagge eines »verbotenen Vertrags zu Lasten Dritter« (was zur Konsequenz gehabt hätte, dass auch eine ausdrückliche Klausel mit solchermaßen einschränkendem Inhalt unzulässig gewesen wäre), wechselte die Begründung in der zweiten Leitentscheidung vom 23. 01. 2003 (V ZB 48/02) zum Topos der ergänzenden Vertragsauslegung, so dass immerhin für Neufälle zu konstatieren war, eine eindeutige Festlegung (Begrenzung) des Leistungsumfangs sei jedenfalls dem Grund nach geeignet, die fatalen finanziellen Auswirkungen dieser Rechtsprechung abzuwehren.

Die dritte Leitentscheidung des BGH vom 09. 01. 2009 (X ZR 168/07)[41] verschob den Akzent – weiterhin auf der Basis der interessengerechten ergänzenden Vertragsauslegung – von den Interessen des Veräußerers (und damit des Fiskus) zu den Interessen des Erwerbers: Anhand der Übertragung eines städtischen Anwesens unter Vorbehalt eines schlichten, nicht an Dritte zur Ausübung überlassbaren Wohnungsrechts wird ausgeführt, der hypothetische Parteiwille sei wegen des höchstpersönlichen Charakters des Wohnungsrechts im Zweifel nicht darauf gerichtet, dass die Eigentümerin die nach dem Auszug der Wohnungsberechtigten nicht mehr genutzten Räume nun zu vermieten habe, so dass auch bei Nutzung durch andere Fa-

39 BGH, 21. 09. 2001 – V ZR 14/01, MittBayNot 2002, 179 mit Anm. *Mayer*, S. 153; DNotZ 2002, 702 m. Anm. *Krauß*.

40 BGH, 23. 01. 2003 – V ZB 48/02, ZEV 2003, 211 mit Anm. *J. Mayer*, MittBayNot 2004, 181.

41 BGH, 09. 01. 2009 – V ZR 168/07, DNotZ 2009, 431 m. Anm. *Herrler*, S. 408 ff.; *Volmer*, MittBayNot 2009, 276 ff.

milienangehörige (z. B. das volljährige Kind des Eigentümers) hierfür keine Nutzungsentschädigung verlangt werden müsse. Andererseits bestehe aber regelmäßig die Befugnis einer Vermietung an Dritte, so dass allein die Frage noch offen bleibt, wem die Einnahmen aus einer solchen (freiwilligen) Vermietung zustünden. Der BGH führt hierzu aus, es bestehe kein gesetzlicher Auskehranspruch, da der Mietzins nicht auf Kosten des Berechtigten erlangt wurde (keine angemaßte Eigengeschäftsführung), und hinsichtlich der ergänzenden Auslegung der verbleibenden Lücke müsse berücksichtigt werden, dass die Beteiligten bewusst kein Nießbrauchsrecht gewählt hätten, so dass der hypothetische Parteiwille wohl darauf gerichtet sei, dass der Eigentümer den Mietzins behalten dürfe.

In seinem vierten – jüngsten - Urteil hierzu hat der BGH[42] diesen Ansatz auf das Schicksal ortsgebundener Leistungs- (nicht Duldungs-)pflichten übertragen, wenn im Vertrag keine Regelung für den Fall getroffen war, dass der Veräußerer diese Leistungen aufgrund (i.d.R. gesundheitsbedingten) Wegzugs nicht mehr in Anspruch nehmen kann: Ein Ausgleich für ersparten tatsächlichen Dienstleistungszeitaufwand (in Bezug auf Pflege und hauswirtschaftliche Verrichtungen), also eine Abgeltung gewonnener Freizeit, sei als Ergebnis ergänzender Vertragsauslegung nur dann geschuldet, wenn die Beteiligten beim Abschluss des Übergabevertrags übereinstimmend davon ausgegangen waren, der Erwerber werde diese Leistungen nicht selbst erbringen, sondern hierfür eine Hilfskraft engagieren und bezahlen. Andernfalls bleibe es lediglich bei der Erstattung ersparter Sachaufwendungen.

3. Kautelare Vorsorge durch Leistungsbegrenzungsklauseln

Angesichts der dogmatischen Verankerung der Rechtsprechung des BGH als Fälle der ergänzenden Vertragsauslegung stellen sich demnach Sachverhalte, in denen eine Geldzahlungspflicht an die Stelle der ortsgebundenen, aufgrund Heimunterbringung nicht mehr zu erfüllenden Leistungen tritt, de facto als kautelar-juristische Betriebsunfälle dar. Der BGH hat bemerkenswert deutlich ausgeführt,[43] eine Nachrangvereinbarung sei nicht als Sittenwidrigkeit einzustufen. Der ausdrückliche Ausschluss von Zahlungsansprüchen anstelle der nicht mehr zu erbringenden Naturalleistungen sei vielmehr wirksam: Der BGH führt aus, der ausdrückliche Ausschluss von Zahlungsansprüchen anstelle der nicht mehr zu erbringenden Naturalleistungen sei wirksam: § 528 BGB ist der allgemeine Grundsatz zu entnehmen, dass die Übertragung als solche selbst bei späterer Verarmung aufrechterhalten bleibe und lediglich durch wertmäßige Rückforderung »geahndet« werde; diese Wertung gelte erst recht, wenn anstelle einer uneingeschränkt freigebigen Schenkung Versorgungsge-

42 BGH, 29. 01. 2010 – V ZR 132/09, NotBZ 2010, 182 m. Anm. *Krauß*.
43 BGH, 06. 02. 2009 – V ZR 130/08, ZErb 2009, 150, NotBZ 2009, 221 m. Anm. *Krauß*.

genleistungen gewährt würden. Die Beschränkung von Sachleistungen auf ihre Erbringung im übertragenen Objekt selbst beruhe auf nachvollziehbaren und nicht zu missbilligenden Erwägungen.

Auch die Tatsache, dass der Veräußerer das Haus überhaupt weggegeben habe, verstoße nicht gegen die guten Sitten; den Veräußerer treffe – so der BGH – keine Verpflichtung, über seine Leistungen an die gesetzliche Rentenversicherung hinaus für sein Alter vorzusorgen. Ein Vergleich zur möglichen Sittenwidrigkeit des Verzichts auf nachehelichen Unterhalt verbiete sich, da anders als dort nicht in gesetzlich vorgegebenen Ansprüche eingegriffen werde, sondern lediglich die Vereinbarung zusätzlicher rechtsgeschäftlicher Pflichten unterbleibe, und eine generelle gesetzliche Pflicht zur Eingehung solcher Gegenleistungen ohnehin nicht bestehe.[44]

Die vorsichtige Praxis wird allerdings weiterhin darauf Wert legen, jegliche Schlechterstellung des Sozialleistungsträgers gegenüber anderen Gläubigern zu vermeiden, also die Tatbestände, an die Leistungsbegrenzung anknüpft, neutral formulieren: Wie im vorliegenden Sachverhalt sollte daher darauf abgestellt werden, dass der »Berechtigte im Vertragsanwesen nicht mehr wohne«, so dass jeglicher Fall des dauernden Wegzugs, sei es aufgrund persönlicher Entscheidung (Übersiedlung nach Mallorca) oder aufgrund medizinischer Notwendigkeit (Übersiedlung in ein Pflegeheim) gleichbehandelt wird.

Die vom BGH festgestellte Pflicht zur Vorsorge für das Alter durch Leistung gesetzlicher Rentenbeiträge weist ferner darauf hin, dass möglicherweise ein völliger Verzicht auf Versorgungsleistungen im Übergabevertrag dann vorwerfbar und sittenwidrig sein kann, wenn der Veräußerer über keinerlei Alterssicherung verfügt (sei es in Form gesetzlicher Rentenanwartschaften oder anderweitiger Ersparnisse aus privater Vorsorge).

Eine solche, vertragssystematisch an die Regelung zu Wohnungsgewährung, Haushaltsführung und Pflegeübernahme anschließende Ausschlussklausel könnte etwa lauten:

> Formulierungsvorschlag: Ruhen ortsgebundener Rechte bei Abwesenheit; Ausschluss von Geldersatzansprüchen außer bei »verschuldeter Verdrängung«
>
> Diese Leistungspflichten ruhen, solange der Veräußerer, gleich aus welchem Grund, nicht mehr im übergebenen Anwesen wohnt. Geldersatz steht ihm nur zu, wenn der Erwerber den Wegzug im Sinne des Art. 20, 21 BayAGBGB (*bzw. die jeweilige landesrechtliche Vorschrift über die »verschuldete« Verdrängung*) veranlasst hat, anderenfalls werden Ersatzansprüche aus jedem Rechtsgrund ausgeschlossen.

44 Darüber hinaus verstärkt die vorliegende Entscheidung des 5. (Grundstücks-)Senats die Linie des 4. (Erbrechts-)Senats zur Zulässigkeit des Behindertentestaments, worauf *Litzenburger*, ZEV 2009, 256, zu Recht hinweist: Auch dort hat es der BGH abgelehnt, die Eltern eines behinderten Kindes für verpflichtet zu halten, „die Sorge für das Wohl ihres Kindes dem Interesse der öffentlichen Hand an einer Teildeckung der Kosten unterzuordnen“.

Durch den Begriff »Verlassen« soll zum Ausdruck gebracht werden, dass die Wohnung selbstverständlich weiter vorzuhalten ist, solange sich der Veräußerer z.B. urlaubsbedingt nicht dort aufhält. Das »Ruhen« für die Zeit solchen Verlassens stellt klar, dass im Fall der (auch unvermuteten) körperlichen Erholung die Leistungen wieder zu erbringen sind.

IV. Regelungen im Verhältnis zu weichenden Geschwistern

Geschwister des Erwerbers sind – als »dritter Pol« – in der Standardkonstellation der vorweggenommenen Erbfolge insbesondere daran interessiert, gegen die Inanspruchnahme aus der Überleitung gesetzlicher Unterhaltsansprüche ihrer Eltern freigestellt zu werden, insbesondere wenn sie sich gegen magere Abfindung mit der Übertragung des Vermögensgegenstands an andere Familienmitglieder (in Gestalt eines gegenständlich beschränkten Pflichtteilsergänzungsanspruchsverzichts) einverstanden erklärt haben.

Zunächst ist daran zu denken, die Verpflichtung des Erwerbers gegenüber dem Veräußerer – vor allem soweit sie auf dessen Versorgung gerichtet ist – als Vertrag zugunsten Dritter auch im Verhältnis zu den weichenden Geschwistern auszugestalten, so dass diese ein eigenes Forderungsrecht, gerichtet auf Leistung an den Veräußerer, haben, insbesondere im Hinblick darauf, dass Leibgedingsleistungen nach den landesrechtlichen Vorschriften praktisch sanktionslos verletzt werden können (Ausschluss des Rücktrittsrechts wegen Nichterfüllung).

Im Vordergrund stehen jedoch schuldrechtliche Freistellungsverpflichtungen, gegebenenfalls quotal oder betragsmäßig auf den unentgeltlich gebliebenen Teil der Zuwendung begrenzt.

Zur Konkurrenz mehrerer Geschwister ist zunächst zu berücksichtigen, dass der gesetzliche Rückforderungsanspruch gemäß § 528 BGB vorrangig gegenüber den Unterhaltspflichten aus Elternunterhalt ist (der Rückforderungsanspruch beseitigt die Bedürftigkeit des Elternteils), so dass erst dann, wenn diese Rückforderung – sei es wegen Verfristung oder Entreicherung oder vollständiger Rückabwicklung – nicht mehr ausreicht, die Ansprüche aus §§ 1601 ff. BGB greifen. Mehrere gleichzeitig Beschenkte haften nach Ansicht des BGH als Gesamtschuldner mit im Zweifel gleichen Kopfquoten, während im Bereich des gesetzlichen Unterhalts bekanntlich eine Teilschuldnerschaft nach Maßgabe der Leistungsfähigkeit besteht. Abweichend von diesen Zufälligkeiten können Geschwister untereinander beispielsweise schuldrechtlich vereinbaren, dass sie die »Soziallast« der Eltern nach festen, versteinerten Quoten tragen werden, und damit zugleich im Verhältnis untereinander auch den Einwand der Entreicherung nicht mehr zu berücksichtigen haben (Abbedingung der Grundsätze der gestörten Gesamtschulden beim internen Ausgleich).

Schuldrechtliche Freistellungsansprüche von ungewisser Laufzeit bedürfen einer Besicherung, etwa in Gestalt der Bestellung von Verwertungsgrundpfandrechten oder Stellung einer Bankbürgschaft oder aber durch Wegfall der »eigenen Leistung«

des weichenden Geschwisters (also der Vereinbarung einer auflösenden Bedingung des Pflichtteilsverzichts dergestalt, dass eine Inanspruchnahme des Verzichtenden für elterlichen Bedarf entgegen der Freistellungsabrede zum Wegfall des Pflichtteilsverzichts führt), oder aber – abmildernd – der Einräumung eines entsprechenden Rücktrittsvorbehalts, etwa nach folgendem Wortlaut:

> Formulierungsvorschlag: Rücktrittsvorbehalt beim Pflichtteilsverzicht zur Absicherung einer Freistellungspflicht unter Geschwistern
>
> Der auf seinen Pflichtteil Verzichtende behält sich das Recht vor, von dem diesem Verzicht zugrundeliegenden Kausalgeschäft zurückzutreten, wenn
>
> er von einem Sozialfürsorgeträger mit einem Betrag von mehr als ..... € in Anspruch genommen wird für Leistungen, die den Eltern der Vertragsteile (etwa als Folge der Pflegebedürftigkeit) erbracht wurden, und
>
> der Erwerber diesen Betrag nicht binnen eines Monats nach Aufforderung erstattet hat.
>
> Der Rücktritt ist mittels eingeschriebenen Briefs gegenüber Veräußerer und Erwerber zu erklären. Mit der Erklärung des Rücktritts entfällt der vom Übernehmer erklärte Pflichtteilsverzicht, der unter einer entsprechenden auflösenden Bedingung steht. Die bis dahin an den Verzichtenden erbrachten Abfindungsleistungen sind aber nach § 2315 BGB auf seinen Pflichtteil anzurechnen; liegen sie über dem tatsächlichen Pflichtteilsanspruch des Verzichtenden, hat er sie insoweit nach Eintritt des Erbfalls unverzinst in den Nachlass rückzuerstatten. Ein solcher Rücktritt lässt die übrigen Vereinbarungen in dieser Urkunde unberührt, insbesondere die Pflichtteilsverzichte durch und Abfindungsleistungen an andere Geschwister des Erwerbers.

Die Überleitung von Ansprüchen auf den Träger der Soziahilfe

Christian Grube, Rechtsanwalt und Vorsitzender Richter am Verwaltungsgericht in Hamburg a.D.

I. Präzisierung des Themas

Wenn man mein Thema in einen größeren Zusammenhang stellt, geht es allgemein gesprochen darum, dass ein Sozialleistungsträger einem Sozialleistungsberechtigten Leistungen erbracht hat und wegen dieser Leistungen Rückgriff gegenüber einer anderen Person (oder auch gegenüber dem Leistungsempfänger) nehmen will. Dies ist in vielen Fallgestaltungen gesetzlich vorgesehen und beruht auf der gesetzlichen Wertentscheidung, wonach der Sozialleistungsträger in solchen Fällen nur nachrangig zur Leistung verpflichtet ist. Die eingeräumte Möglichkeit des Rückgriffs kann aber auch darauf beruhen, dass die erbrachte Sozialleistung den Sozialleistungsträger nicht endgültig belasten soll, weil sie entweder mit einem rechtlichen »Makel« behaftet war oder nach einer gesetzlich angeordneten Lastenverteilung letztlich ein anderer die finanziellen Aufwendungen der zuvor erbrachten Sozialleistung tragen soll.

Sozialleistungsträger gibt es viele, dementsprechend viele Gesetze mit sehr unterschiedlicher Regelungssystematik. In diesem Vortrag können nur einige Schneisen in das Dickicht der unterschiedlich gestalteten Vorschriften geschlagen werden.

1. Die erste Fallgestaltung zeichnet sich dadurch aus, dass ein Sozialleistungsträger als sogenannter nachrangiger Leistungsträger zunächst Leistungen erbracht hat, aber nachträglich der Nachrang durch Rückgriff geltend gemacht werden soll. Das ist bei den Fürsorgeleistungen des SGB II und des SGB XII der Fall und betrifft die Regelungen der §§ 93, 94 SGB XII sowie den § 33 SGB II. Ferner fallen unter diese Fallgestaltung nachrangige Leistungen im Unterhaltsvorschussrecht (§ 7 UVG) und im Kinder- und Jugendhilferecht (§ 95 SGB VIII). Der nur nachrangig verpflichtete Sozialleistungsträger hat in diesen Fällen Leistungen erbracht, weil die vorrangigen Leistungen dem Hilfebedürftigen entweder noch nicht tatsächlich zur Verfügung standen oder der Sozialleistungsträger wegen des Bedarfsdeckungsgrundsatzes gesetzlich verpflichtet war, mit Leistungen zunächst in Vorlage zu treten.

2. In einer zweiten Fallgestaltung geht es darum, dass der fürsorgerechtliche Hilfeempfänger Leistungen erhalten hat, aber bei seinem Tod der Erbe des Hilfeempfängers die dem Erblasser erbrachten Leistungen dem Sozialleistungsträger ganz oder teilweise ersetzen muss. Das ist in § 102 SGB XII und in § 35 SGB II geregelt. Die Regelung beruht darauf, dass dem Hilfeempfänger zu seinen Lebzeiten bestimmte Vermögenswerte erhalten bleiben sollen und nicht vorrangig zur Beseiti-

gung der Hilfebedürftigkeit einzusetzen sind, dass dieser »Verschonungsgrund« aber entfällt, wenn der Hilfeempfänger gestorben ist. Den Erben soll die gegenüber dem früheren Hilfeempfänger wirkende Verschonung des Vermögens nicht zugutekommen.

3. Bei der dritten Fallgestaltung liegt es so, dass der Sozialleistungsträger »makelbehaftete« Leistungen, die nämlich von dem Leistungsempfänger auf nicht ordnungsgemäßem Wege erlangt worden sind, von einem Dritten zurückverlangen kann. Davon handeln die §§ 103 und 104 SGB XII, sowie der § 34 SGB II. Insoweit sind Ersatzansprüche für den Sozialleistungsträger vorgesehen.

4. Bei der vierten Fallgestaltung geht es um einen Ausgleich zwischen Sozialleistungsträgern und dem Arbeitgeber eines Sozialleistungsempfängers. Der Sozialleistungsträger hat Sozialleistungen erbringen müssen, weil der Arbeitgeber seinem Arbeitnehmer das Arbeitsentgelt nicht gezahlt hat. Der Anspruch des Arbeitnehmers auf das Arbeitsentgelt geht dann auf den Sozialleistungsträger kraft Gesetzes über. Das ist der § 115 SGB X.

5. Bei der fünften Fallgestaltung handelt es sich um Sozialleistungen, die notwendig wurden, weil der Leistungsempfänger von einem Dritten geschädigt wurde. Seine Schadensersatzansprüche gehen auf den Sozialleistungsträger über. Davon handelt § 116 SGB X.

6. Schließlich findet im Fürsorgerecht des SGB II und des SGB XII in sogenannten Bedarfs- und Haushaltgemeinschaften eine besondere Art der Berücksichtigung von zivilrechtlichen Ansprüchen des Hilfebedürftigen gegenüber den Mitgliedern der genannten Gemeinschaften statt, indem nämlich deren Einkommen und Vermögen unmittelbar auf den Hilfeanspruch des Bedürftigen angerechnet wird. Diese Anrechnung folgt nicht unterhaltsrechtlichen Bestimmungen, sondern beruht auf dem Gedanken der familiären Schicksalsgemeinschaft. Daher kann das Einstehen für das hilfebedürftige Mitglied der Bedarfs- oder Haushaltsgemeinschaft auch weit über eventuell bestehende zivilrechtliche Unterhaltsverpflichtungen hinausgehen.

Man sieht, die gesetzlichen Motive und die rechtlichen Mechanismen für eine Refinanzierung von Sozialleistungen sind sehr unterschiedlich. Im Folgenden kann nur etwas näher auf die Überleitung und den Übergang von Ansprüchen nach den §§ 93, 94 SGB XII und § 33 SGB II eingegangen werden. Das betrifft also nur die Refinanzierung von Leistungen der Grundsicherung für Arbeitsuchende und von Sozialhilfeleistungen.

II. Überleitung von Ansprüchen, § 93 SGB XII

Diese Vorschrift veranlasst, zunächst auf den Unterschied zwischen »Überleitung« und »Übergang« von Ansprüchen hinzuweisen. Die »Überleitungsanzeige« erfolgt durch einen Verwaltungsakt im Sinne des § 31 SGB X. Dieser Verwaltungsakt ist wie jeder Verwaltungsakt mit Rechtsmitteln angreifbar, wobei die Rechtsbehelfe keine aufschiebende Wirkung entfalten (§ 93 Abs. 3 SGB XII). Die Überleitungsanzeige betrifft nur Ansprüche, die nicht Unterhaltsansprüche sind, denn für Unterhaltsansprüche gilt ausschließlich § 94 SGB XII. Die Vorschrift betrifft ferner nicht Ansprüche des Hilfeempfängers gegenüber anderen Sozialleistungsträgern. Solche Ansprüche macht der leistende Sozialhilfeträger nach den Vorschriften des Erstattungsrechts nach §§ 103 ff. SGB X geltend. Auch die Refinanzierungsvorschriften der §§ 115, 116 SGB X gehen dem § 93 SGB XII vor.

Der Überleitungsverwaltungsakt ist bereits dann rechtmäßig, wenn es wahrscheinlich ist, dass der übergeleitete Anspruch besteht. Die Prüfung des tatsächlichen Bestehens des Anspruchs wird somit in das (zumeist) zivilgerichtliche Verfahren verlagert, in dem der Sozialhilfeträger den übergeleiteten Anspruch letztlich realisieren muss. Die Rechtmäßigkeit eine Überleitung ist aber auch aus der Sicht des Sozialhilferechts zu beurteilen. Danach ist es erforderlich, dass nur solche Ansprüche von der Überleitung erfasst werden dürfen, die zu den erbrachten Sozialleistungen in einem Verhältnis der Gleichzeitigkeit standen. Ferner ist es erforderlich, dass der übergeleitete Anspruch, wenn er bereits zuvor erfüllt worden wäre, die Sozialhilfeleistung unnötig gemacht hätte. Es müsste sich also um im Sozialhilferecht zu berücksichtigendes Einkommen handeln. Dies ist nicht stets der Fall (s. z. B. § 83 Abs. 2 SGB XII). Der nicht erfüllte Anspruch wäre unter diesen Umständen nicht kausal für die Notwendigkeit, Sozialhilfe zu leisten und rechtfertig daher eine Überleitung auch nicht.

Im Sinne der oben erwähnten familiären Schicksalsgemeinschaft, die ein Einstehen für die anderen Mitglieder der Gemeinschaft grundsätzlich umfassend verlangt, kann eine Überleitung auch wegen einer Sozialhilfeleistung erfolgen, die nicht der Inhaber des übergeleiteten Anspruchs erhalten hat, sondern ein Mitglied der Gemeinschaft. Das Einstehen füreinander wird also auch noch auf der Ebene der Refinanzierung der Leistungen abgefordert.

Dass ein Anspruch nur in der Höhe, in der auch Sozialhilfe geleistet worden ist, übergeleitet werden darf, versteht sich von selbst.

III. Übergang von Ansprüchen (cessio legis)

Die cessio legis ist im Sozialhilferecht nur für Unterhaltsansprüche nach dem BGB vorgesehen (§ 94 SGB XII). Im SGB II betrifft die cessio legis hingegen alle Ansprüche des Leistungsempfängers gegen Dritte mit Ausnahme der Ansprüche, die von §§ 115, 116 SGB X erfasst werden. Ein vorheriger Verwaltungsakt ist hier also nicht notwendig. Ein zivilrechtlicher Unterhaltsanspruch geht auf den Sozialleistungsträger über, sofern die besonderen sozialrechtlichen Voraussetzungen der § 94 SGB XII und § 33 SGB II gegeben sind. Durch den Übergang des Unterhaltsanspruchs auf den Sozialhilfeträger verändert sich der Unterhaltsanspruch im Übrigen nicht.

Ebenso wie bei der Überleitung nach § 93 SGB XII ist zunächst eine Gleichzeitigkeit von Unterhaltsanspruch und Sozialhilfeleistung notwendig. Die nach

§ 93 SGB XII notwendige Kausalität zwischen dem Ausbleiben der Unterhaltsleistung und der notwendig gewordenen Sozialhilfeleistung wird nicht erwähnt, weil sich diese Kausalität bei ausgebliebenen Unterhaltsleistungen von selbst versteht.

Die cessio legis unterliegt folgenden Beschränkungen, die eigenständiger sozialpolitischer Art sind:

- Die cessio legis betrifft nur Unterhaltsansprüche gegen Verwandte ersten Grades; andere Unterhaltsansprüche bleiben unberührt.
- Gehört die unterhaltspflichtige Person zum Personenkreis nach § 19 SGB XII, findet ein Übergang des gegen diese Person gerichteten Unterhaltsanspruchs nicht statt, weil bereits über die oben erwähnte familiäre Schicksalsgemeinschaft die Unterhaltsverpflichtung berücksichtigt wird (§ 94 Abs. 1 Satz 3 SGB XII).
- Ist der Unterhalsgläubiger ein Leistungsberechtigter nach den §§ 41 ff. SGB XII (Grundsicherung im Alter) ist ein Übergang seines Unterhaltsanspruchs ausgeschlossen (§ 93 Abs. 1 Satz 3 2. Halbs. SGB XII). Diese Regelung beruht darauf, dass nach § 43 Abs. 2 SGB XII Unterhaltsansprüche zwischen Eltern und Kindern weitgehend sozialrechtlich unberücksichtigt bleiben sollen, soweit nicht der Unterhaltsschuldner über erhebliches Einkommen verfügt (100.000 Euro). Ist dies hingegen der Fall, hat der Leistungsberechtigte nach den §§ 41 ff. SGB XII keinen Anspruch auf diese Leistungen (§ 43 Abs. 2 Satz 6 SGB XII), so dass es eines Übergangs des Unterhaltsanspruchs nicht bedarf.
- Unterhaltsansprüche einer Person, die schwanger ist oder ihr leibliches Kind bis zur Vollendung seines sechsten Lebensjahres betreut, gehen nicht auf den Sozialhilfeträger über (§ 94 Abs. 1 Satz 4 SGB XII). Diese Vorschrift ist als sogenannte flankierende Regelung geschaffen worden, um Abtreibungen zu verhindern. Sie geht aber weit über dieses Ziel hinaus.
- Besteht eine Unterhaltsverpflichtung gegenüber einer volljährigen Person, die behindert oder pflegebedürftig ist, wird der Unterhaltsverpflichtete sozialrechtlich dadurch privilegiert, dass der Unterhaltsanspruch nur in Höhe von höchsten 46 Euro monatlich übergeht. Dabei nimmt die Vorschrift Rücksicht darauf, dass Eltern gegenüber volljährigen Kindern regelmäßig nicht mehr unterhaltsverpflichtet sind. Dass sie ein behindertes oder pflegebedürftiges Kind haben, soll sie nicht noch weiter belasten.

Ferner gibt es Restriktionen für den Übergang des Unterhaltsanspruchs, die aus der Perspektive des sozialhilferechtlichen Leistungsrechts zu beurteilen sind.

Die erste Frage ist insoweit, ob der Übergang eines Unterhaltsanspruchs voraussetzt, dass die Sozialhilfeleistung, derentwegen der Übergang greifen soll, rechtmäßig gewesen sein muss. Die Unterhaltsschuldner tragen z. B. oft vor, dass die Hilfegewährung nicht notwendig gewesen sei, weil der Hilfeempfänger über Einkommen verfügt habe oder die Hilfe das Maß des Notwendigen überschritten habe. Rechtsprechung und Schrifttum sind in dieser Frage noch schwankend. Zumeist wird wohl angenommen, dass es auf die Rechtmäßigkeit der Hilfegewährung nicht ankommt, weil der Unterhaltsschuldner ohnehin nur das leisten muss, was er nach dem Unterhaltsrecht zu leisten verpflichtet ist.

Für Sozialhilfeleistungen, die sich auf die Kosten der Unterkunft (Miete) beziehen, findet ein Übergang bezogen auf 56% dieser Aufwendungen nicht statt (§ 94 Abs. 1 Satz 6 SGB XII). Dies beruht darauf, dass sich hinter diesem Betrag fiktive Wohngeldleistungen verbergen, die gegenüber Unterhaltsansprüchen nicht nachrangig wären, so dass ein Anspruchsübergang insoweit nicht gerechtfertigt ist.

Die wichtigste Einschränkung des Anspruchsübergangs ist in § 94 Abs. 3 SGB XII enthalten. Danach darf der Übergang des Unterhaltsanspruchs nicht dazu führen, dass die unterhaltspflichtige Person bei Erfüllung des Unterhaltsanspruchs ihrerseits hilfebedürftig im Sinne der Hilfe zum Lebensunterhalt bzw. der Grundsicherung im Alter würde.

Das Zivilgericht muss also nicht nur die üblichen Tatbestandsvoraussetzungen eines Unterhaltsanspruchs nach dem BGB prüfen, sondern eine Art abstrakte Berechnung anstellen, ob der Unterhaltsverpflichtete einen Bedarf an Hilfe zum Lebensunterhalt hätte, wenn er den im Übrigen nach dem BGB gegebenen Unterhaltsanspruch erfüllen müsste. Bei dieser Prüfung können zahlreiche Friktionen zwischen dem Unterhaltsrecht und dem Recht der Hilfe zum Lebensunterhalt nach dem SGB XII auftreten.[1] Der unterhaltsrechtliche Selbstbehalt braucht z. B. nicht mit dem sozialhilferechtlichen Bedarf übereinzustimmen. Die unterhaltsrechtliche Leistungsfähigkeit kann z. B. auch durch fiktives Einkommen begründet werden, während im Sozialhilferecht fiktives Einkommen nicht bekannt ist und daher die Hilfebedürftigkeit nicht auszuschließen vermag. Dies bedeutet dann, dass der Unterhaltsanspruch nicht auf den Sozialhilfeträger übergeht, obwohl nach Unterhaltsrecht ein Unterhaltsanspruch bestünde. Das Sozialhilferecht setzt sich also gegenüber dem Unterhaltsrecht durch.

Eine zweite Schranke für den Übergang eines Unterhaltsanspruchs folgt aus der Härteklausel des § 94 Abs. 3 Satz 1 Nr. 2 SGB XII. Zwar kennt das Unterhaltsrecht nach § 1577 Abs. 3 und § 1611 BGB ebenfalls eine Härte- bzw. Unbilligkeitsklausel. Die Härteklausel des § 94 Abs. 3 Satz 1 Nr. 2 SGB XII geht aber über die zivilrechtliche Schutzbestimmung hinaus und verlangt die Berücksichtigung weiterer Härtegründe.[2]

IV. Übergang nach § 33 SGB II

Diese Vorschrift mag auf den ersten Blick ähnlich klingen wie § 94 SGB XII; sie ist bei näherem Zusehen aber doch sehr anders gestaltet.

1 Eindrucksvoll geschildert in BGH, Urt. v. 17. 03. 1999, FamRZ 1999, 843.

2 BGH, Urt. v. 23. 06. 2010, NJW 2010, 2957.

Zunächst bezieht sich der Übergang auf Ansprüche aller Art, also etwa auch auf Ansprüche aus Vertrag oder ungerechtfertigter Bereicherung. Andererseits betrifft der Übergang nur Leistungen zur Sicherung des Lebensunterhalts, also nicht Leistungen zur Eingliederung in Arbeit, die das SGB II ja auch kennt. Zeitidentität und Kausalität der Leistungserbringung sind ebenfalls notwendig.

Die Personenidentität – Sozialleistungsempfänger und Unterhaltsgläubiger müssen identisch sein - ist aber anders geregelt in Satz 2 von Absatz 1. Diese Vorschrift ist ohne Kenntnis der Besonderheiten des Alg II nicht zu verstehen. Es geht um folgendes: Kindergeld steht den Eltern als Einkommen zu, es wird im SGB II aber zunächst auf den Lebensunterhalt des Kindes angerechnet. Wenn das Kind von seinem fernlebenden Vater keinen Unterhalt erhält, wird das gesamte Kindergeld also beim Kind berücksichtigt, was nicht der Fall wäre, wenn der Vater Unterhalt gezahlt hätte. Durch das Ausbleiben von Kindesunterhalt erhöht sich der Bedarf der Mutter in Höhe des nicht ihr zuzurechnenden Kindergeldes. Wegen dieses Bedarfs und der entsprechenden Grundsicherungsleistungen kann der Übergang des Unterhaltsanspruchs, den das Kind hat, greifen, obwohl das Kind insoweit nicht Leistungsempfänger war. Ohne diese Regelung wäre es so: Das Kind ist wegen der Anrechnung des Kindergeldes auf seinen Bedarf nicht oder nur in geringer Höhe hilfebedürftig. Der Übergang des Anspruchs auf Kindesunterhalt wäre daher ausgeschlossen bzw. der Höhe nach begrenzt auf die für das Kind erbrachten Sozialleistungen. Der Grundsicherungsträger muss der Mutter infolge der Anrechnung des Kindergeldes beim Kind höhere Leistungen gewähren, könnte diese aber nicht über den Zugriff auf den Kindesunterhaltsanspruch refinanzieren. Diese schwer verständliche Regelung im SGB II beruht auf der Behandlung des Kindergeldes als vorrangig zu berücksichtigendes Einkommen des Kindes. Motiv dafür war, Kinder nach Möglichkeit als Empfänger von Leistungen der Grundsicherung aus der Statistik heraus zu manipulieren.[3]

Der Anspruchsübergang unterliegt nach Absatz 2 der Vorschrift wiederum wie bei § 94 SGB XII mehreren Ausnahmen.

- Innerhalb einer Bedarfsgemeinschaft findet kein Übergang statt, da insoweit bereits das gegenseitige Einstehen füreinander zum Zuge kommt. Allerdings umfasst die Bedarfsgemeinschaft einen größeren Personenkreis als im Sozialhilferecht.
- Ferner finden wir wieder den besonderen Schutz von Schwangeren und Erziehenden, der einen Übergang von Ansprüchen ausschließt.
- Die Nr. 2 von § 33 Abs. 2 Satz 1 SGB II ist interessant: Danach ist der Übergang bei Verwandtenunterhalt zunächst generell ausgeschlossen. Es kommt aber auf die hier geregelten Rückausnahmen an. Alle Ausnahmen beziehen sich al-

3 So ist auch § 6a BKGG zu verstehen.

lerdings nur auf Unterhaltsansprüche gegenüber Eltern, also nicht gegenüber Großeltern.
Danach geht der Unterhaltsanspruch eines minderjährigen Kindes, das Leistungen bezogen hat und nicht bereits zur Bedarfsgemeinschaft zählt, auf den Grundsicherungsträger über. Dasselbe gilt für Hilfeempfänger, die das 25. Lebensjahr noch nicht vollendet und die Erstausbildung noch nicht abgeschlossen haben.

- Schließlich geht der Anspruch nur über, wenn die unterhaltsverpflichtete Person über Einkommen und Vermögen in einer Höhe verfügt, die die Person nach den Maßstäben des Grundsicherungsrechts nicht hilfebedürftig werden ließe. Es ist also wie bei § 94 SGB XII eine Berechnung des (fiktiven) Hilfebedarfs des Unterhaltsschuldners notwendig, um die Frage des Übergangs beurteilen zu können. Da Einkommen und Vermögen im SGB II anderes behandelt werden als im Unterhaltsrecht, kann es wiederum zu erheblichen Friktionen kommen.
- Anders als § 94 SGB XII enthält § 33 SGB II keine eigenständige sozialrechtliche Härteklausel und auch keine Beschränkung des Anspruchsübergangs hinsichtlich der Sozialleistungen für die Unterkunftskosten.

V. Bewältigung der Friktionen zwischen Unterhaltsrecht und Sozialrecht

Wir haben gesehen, dass ein Unterhaltsanspruch, den der Sozialleistungsempfänger besitzt, unter gewissen Umständen nicht auf den Sozialleistungsträger übergeht. Der Unterhaltsberechtigte behält also seinen Unterhaltsanspruch trotz des Bezugs von Sozialhilfe- oder Grundsicherungsleistungen. Diese nachrangigen Sozialleistungen sind nach der ständigen Rechtsprechung des BGH[4] auch nicht geeignet, den Unterhaltsbedarf des Berechtigten zu decken, so dass auch nicht auf diese Weise ein Unterhaltsanspruch entfällt. Das kann dazu führen, dass der Unterhaltsgläubiger trotz des Bezugs von an sich bedarfsdeckenden Sozialleistungen den Unterhaltsanspruch gegenüber dem Schuldner geltend macht und durchzusetzen versucht. Ist etwa der Unterhaltsanspruch auf den Sozialleistungsträger deshalb nicht übergegangen, weil der Unterhaltsschuldner bei Erfüllung des Unterhaltsanspruchs hilfebedürftig werden würde und fiktives Einkommen im sozialrechtlichen Zusammenhang nicht zählt, ist der Unterhaltsschuldner unterhaltsrechtlich dennoch leistungsfähig, sofern ihm fiktives Einkommen zuzurechnen ist. In dieser Lage ist es einerseits nicht unproblematisch, wenn der Unterhaltsgläubiger und Sozialleistungsempfänger zweimal Leistungen erhält, andererseits erscheint es auch nicht gerechtfertigt, dass der Unterhaltsschuldner, dem fiktives Einkommen zuzurechnen ist, sich auf Kosten des So-

4 Vgl. etwa BGH, Urt. v. 17. 03. 1999, FamRZ 1999, 843, m. w. Nachw.

zialleistungsträgers von seinen Verpflichtungen befreien kann. Der BGH[5] will diesen Konflikt über § 242 BGB lösen und hält jedenfalls bezogen auf Unterhaltsrückstände eine Anrechnung von erhaltenen Sozialleistungen auf den Unterhaltsanspruch für möglich. Für die zukünftigen Unterhaltsansprüche – ab Zustellung der Klagschrift – soll es indes beim Nachrang der Sozialleistungen bleiben, so dass der Unterhaltsschuldner auch dann von dem Unterhaltsberechtigten in Anspruch genommen werden kann, wenn dieser Sozialleistungen nach dem SGB XII oder SGB II erhält, aber ein Übergang des Unterhaltsanspruchs auf den Sozialleistungsträger aus den dargelegten Gründen nicht stattfindet.

VI. Abschließende Bemerkungen

Mit diesem kurzen Blick auf eine der Refinanzierungsmöglichkeiten von Sozialleistungen durch Inanspruchnahme von Schuldnern des Sozialleistungsempfängers ist nur ein Bruchteil der Probleme angesprochen. Das sei abschließend nur anhand von zwei Beispielen verdeutlicht. Es ist denkbar, dass zwei verschiedene Sozialleistungsträger gleichzeitig wegen ihrer Sozialleistungen von einer cessio legis Gebrauch machen wollen. Das kommt etwa vor, wenn neben Leistungen nach dem Unterhaltsvorschussgesetz noch Leistungen nach dem SGB II erforderlich waren. In welcher Höhe ein Unterhaltsanspruch des Empfängers der beiden Sozialleistungen auf den jeweiligen Leistungsträgers übergeht, ist völlig ungewiss.[6] Gewissermaßen spiegelbildlich kann man sich auch den Fall vorstellen, dass der Sozialleistungsempfänger zwei Schuldner besitzt – einen Unterhaltsschuldner und einen Kaufpreisschuldner. Auf welche Forderung sich der Übergang nach § 33 SGB II bezieht, ist nirgends geregelt. Es bleibt der Rechtsprechung und der Wissenschaft also noch viel zu klären.

5 Wie Fn. 5.

6 Vgl. dazu Grube, UVG, Kommentar, § 7, Rn 35.

Aktuelle sozialhilferechtliche Probleme im Erbrecht

Dr. Sebastian Franck, LL.M. (Cape Town), Notar in Neu-Ulm

Angesichts der Fülle der zur Schnittmenge von Sozialhilferecht und Erbrecht ergangenen Entscheidungen und Veröffentlichungen lässt sich bereits von einem neuen Forschungsrechtsgebiet sprechen, dem »*Sozialhilfeerbrecht*«. Für den Notar ist das Sozialhilfeerbrecht insbesondere in dreierlei Hinsicht von kautelarjuristischen Interesse: zum einen die Frage der Sittenwidrigkeit von sog. Behinderten- bzw. Bedürftigentestamenten, zum anderen die Frage, inwieweit ein Sozialleistungsempfänger im weitesten Sinne auf erbrechtliche Positionen verzichten kann und schließlich die Frage der Überleitbarkeit von erbrechtlichen Positionen durch den Sozialhilfeträger. In allen drei Themenbereichen sind in den letzten Jahren Neuerungen eingetreten bzw. neue Fragen aufgetaucht, die im Folgenden kurz angesprochen werden sollen.

I. Pflichtteilsverzicht eines ALG II-Empfängers, § 2346 Abs. 2 BGB

Ausgangsfall:
Eltern haben sich in einem Berliner Testament gegenseitig als Alleinerben und die Kinder als Schlusserben eingesetzt. Ein Kind ist Empfänger von Leistungen nach SGB II. Die Eltern möchten die Zugriffsmöglichkeiten bzw. Überleitungsansprüche des Staates beim ersten und beim zweiten Todesfall minimieren. Im Raum steht ein Pflichtteilsverzicht.

Das gesamte Sozialhilferecht ist vom **sozialhilferechtlichen Nachranggrundsatz** geprägt. Gem. § 2 Abs. 1 SGB XII erhält Sozialhilfe nicht, wer sich durch Einsatz seiner Arbeitskraft, seines Einkommens und seines Vermögens selbst helfen kann oder wer die erforderliche Leistung von anderen, insbesondere von Angehörigen oder von Trägern anderer Sozialleistungen erhält. Im Bereich des Arbeitslosengeldes II (ALG II) setzt § 7 Abs. 1 Nr. 3 SGB II voraus, dass der Leistungsberechtigte hilfebedürftig ist. Hilfebedürftig ist nach § 9 Abs. 1 Nr. 2 SGB II, wer seinen Lebensunterhalt, seine Eingliederung in Arbeit und den Lebensunterhalt der mit ihm in einer Bedarfsgemeinschaft lebenden Personen nicht oder nicht ausreichend aus eigenen Kräften und Mitteln, vor allem nicht aus dem zu berücksichtigenden Einkommen oder Vermögen sichern kann und die erforderliche Hilfe nicht von anderen, insbesondere von Angehörigen oder von Trägern anderer Sozialleistungen erhält. Gem. § 12 Abs. 1 SGB II stellt zu berücksichtigendes Vermögen alle verwertbaren Vermögensgegenstände dar (vgl. auch § 90 SGB XII). Pflichtteilsansprüche des

Leistungsempfängers werden daher grundsätzlich als verwertbare Vermögensgegenstände i.S.d. genannten Vorschriften angesehen.[1]

Fraglich ist, ob ein Pflichtteilsverzicht gemäß § 2346 Abs. 2 BGB das Entstehen grds. verwertbaren Vermögens in der Form eines Pflichtteilsanspruchs verhindert. In der Literatur ist umstritten, ob ein solcher Pflichtteilsverzicht gemäß § 138 BGB sittenwidrig ist. Bis auf eine aktuelle Entscheidung des OLG Köln,[2] die zur Revision zugelassen wurde, stehen allerdings obergerichtliche oder höchstrichterliche Entscheidungen noch aus, so dass die Rechtslage derzeit als unsicher bezeichnet werden muss.

Gedanklich stellt sich vorab die Frage, ob dem Leistungsempfänger überhaupt noch die **Verfügungsbefugnis** zu einem Verzicht auf sein Pflichtteilsrecht zusteht oder ob nicht das Pflichtteilsrecht nach §§ 33 SGB II, 93 SGB XII auf den Sozialhilfeträger übergeht. Zwar erfassen die genannten Vorschriften grds. auch zukünftige Ansprüche, vgl. § 33 Abs. 2 S. 4 SGB II. Das Pflichtteilsrecht ist aber kein zukünftiger Anspruch, sondern lediglich eine »*Hoffnung*«,[3] deren Realisierung und Ausgestaltung (Höhe etc.) noch völlig offen ist. Eine Übertragung bzw. cessio legis scheidet daher aus.[4]

Was die Frage der **Sittenwidrigkeit** betrifft, zieht ein Teil der Literatur die zur Frage der Sittenwidrigkeit eines Unterhaltsverzichtsvertrags zwischen Ehegatten entwickelten Grundsätze heran.[5] Die Vergleichbarkeit von Unterhalt und Pflichtteilsanspruch wird damit begründet, dass letzterer (auch) der Sicherung des laufenden Unterhalts und der Altersversorgung diene und nicht nur der Teilhabe am Familienvermögen.[6] Nach der Rechtsprechung des BGH ist ein Verzicht auf nachehelichen Unterhalt insbesondere dann wegen Verstoßes gegen die guten Sitten gem. § 138 Abs. 1 BGB nichtig, wenn die Vertragsschließenden dadurch bewusst eine Unterstützungsbedürftigkeit zu Lasten der Sozialhilfe herbei führen, auch wenn sie eine Schädigung des Trägers der Sozialhilfe nicht beabsichtigten.[7] Darauf fußend nimmt die genannte Literatur überwiegend die Nichtigkeit eines Pflichtteilsverzichts an, wenn der Verzichtende sowohl im Zeitpunkt des Pflichtteilsverzichtsvertrags als auch im Zeitpunkt des Erbfalls hilfebedürftig ist.[8]

1 VGH Mannheim NJW 1993, 2953, 2955.
2 OLG Köln vom 9. 12. 2009 – 2 U 46/09 (ZEV 2010, 85 ff.).
3 RG JW 1907, 167, 168.
4 *Bamberger/Roth/J. Mayer* § 2346 Rn. 2.
5 *Lambrecht*, Der Zugriff des Sozialhilfeträgers auf den erbrechtlichen Erwerb, 2001, S. 172; *Schumacher*, Rechtsgeschäfte zu Lasten des Sozialhilfeempfängers im Familien- und Erbrecht, 2002, S. 172.
6 *Wachter* ZErb 2004, 238 ff.; 2004, 306 ff.
7 BGHZ 86, 82, 88; BGH NJW 1992, 3164.
8 *Köbl*, ZfSH/SGB, 1990, 449, 459; *Schumacher*, Rechtsgeschäfte zu Lasten des Sozialhilfeempfängers im Familien- und Erbrecht, 2002, S. 142.

Die überwiegende Ansicht geht hingegen davon aus, dass ein während des Bezugs von Sozialhilfeleistungen erklärter Pflichtteilsverzicht nicht als sittenwidrig anzusehen ist.[9] Die zur Beurteilung der Sittenwidrigkeit eines Unterhaltsverzichtsvertrags entwickelten Grundsätze könnten nicht übertragen werden. Dem Pflichtteil komme aus heutiger Sicht keine Unterhalts- und Versorgungsfunktion mehr zu, da er unabhängig von Bedürftigkeit und Bedarf des Pflichtteilsberechtigten gewährt wird.[10] Vielmehr stellt der Pflichtteilsverzicht einen Verzicht auf Vermögensteilhabe dar und fällt daher ähnlich dem Zugewinn nicht in den vom BGH entwickelten Kernbereich der Scheidungsfolgen.[11] Für die Sittengemäßheit des Pflichtteilsverzichts spricht weiter, dass der Verzichtende noch gar nicht weiß, wie sich der dereinstige Nachlass zusammensetzen und ob er überhaupt einen Pflichtteilsanspruch haben wird (z.B. Vorversterben). Anders als beim Unterhaltsverzicht verfügt der Verzichtende über keine bestehende Unterhaltsmöglichkeit, sondern lediglich über eine ungesicherte Erwerbschance (»aleatorisches Rechtsgeschäft«). Da die Realisierung dieser Erwerbschance noch völlig offen ist, fehlt in der Regel der für § 138 BGB erforderliche bedingte Vorsatz zur Schädigung.[12] Eine Schädigungsabsicht setzt einen zumindest ansatzweise konkretisierbaren Anspruch voraus, dessen Verzicht zu einer Schädigung des Sozialhilfeträgers führen könnte. Im Übrigen kann der Leistungsempfänger für einen Verzicht geradezu altruistische Motive haben, etwa weil er die Liquidität des überlebenden Elternteils schützen möchte. Es wäre viel zu eindimensional gedacht, bei dem Pflichtteilsverzicht eines Leistungsempfängers automatisch die beabsichtigte Schädigung des Sozialleistungsträgers zu unterstellen. Schließlich führt ein erklärter Pflichtteilsverzicht bei gleichzeitigem Vorliegen eines Behinderten- oder Bedürftigentestaments (dessen Sittengemäßheit unterstellt) nicht zu einer Schlechterstellung des Sozialhilfeträgers, da dieser aufgrund der Anordnungen des Bedürftigen- bzw. Behindertentestaments ohnehin keinen Zugriff auf den Nachlass hätte.

Das OLG Köln hat sich in einer aktuellen Entscheidung[13] gegen die Sittenwidrigkeit des Pflichtteilsverzichts ausgesprochen. Zu berücksichtigen ist allerdings, dass die genannte Entscheidung des OLG Köln zum Pflichtteilsverzicht eines Behinderten erging.[14] Der BGH hat das Behindertentestament mehrfach als nicht sittenwidrig geadelt.[15] Eine entsprechende Entscheidung zum Bedürftigentestament steht noch

9 *Mayer* ZEV 2007, 556, 559; *Krauß*, Überlassungsverträge in der Praxis, 2. Aufl., Rn. 82 ff.

10 *Schlitt/G.Müller*, Handbuch des Pflichtteilsrechts, 2010, § 10 Rn. 60.

11 *Muscheler*, FS Spiegelberger (2009), 1079, 1085; *Kapfer* MittBayNot 2006, 385, 389.

12 Eine andere Beurteilung mag im Einzelfall angezeigt sein, wenn das aleatorische Element vernachlässigenswert ist, etwa weil der Erblasser im Sterben liegt.

13 OLG Köln Urt. v. 9. 12. 2009 – 2 U 46/09 (ZEV 2010, 85 ff.).

14 Das ist hier freilich durchaus fragwürdig. Die vermeintlich behinderte Person war geschäftsfähig, aber lernbehindert. *Litzenburger* hält in diesem Fall die Grundsätze des Bedürftigentestaments für anwendbar, vgl. FD-ErbR 2010, 297734.

15 BGH NJW 1990, 2055; NJW 1994, 248.

aus. Es gibt im Gegenteil sogar sozialgerichtliche Rechtsprechung, die das Bedürftigentestament als sittenwidrig betrachtet.[16]

Die Annahme der Sittengemäßheit des Pflichtteilsverzichts führt nicht zuletzt zu einem wünschenswerten Gleichlauf zur Situation im Pfändungs- und Insolvenzrecht. Nach allg. Auffassung ist ein Pflichtteilsverzicht weder nach AnfG noch nach InsO anfechtbar. Zwar gilt der Verzicht auf einen Pflichtteilsanspruch überwiegend auch dann als unentgeltlich, wenn er im Austausch für eine Vermögensübertragung vereinbart wurde.[17] Der Pflichtteilsverzicht führt allerdings nur zu einer potenziellen Nicht-Vermehrung des Vermögens. Darin liegt keine Schenkung i.S.d. § 516 BGB. Eine Anfechtung scheidet daher aus.[18] Des Weiteren kann ein Insolvenzschuldner auch ohne Mitwirkung des Insolvenzverwalters auf künftige Pflichtteilsansprüche verzichten. Die Verwaltungs- und Verfügungsbefugnis des Insolvenzverwalters gemäß § 80 InsO bezieht sich ausschließlich auf gegenwärtiges, nicht potentielles zukünftiges Vermögen.[19] Folgerichtig hat der BGH aktuell entschieden, dass ein Pflichtteilsverzicht auch im Rahmen einer Restschuldbefreiung nach der Insolvenz natürlicher Personen, §§ 286 ff. InsO, nicht zu einem Obliegenheitsverstoß gemäß § 295 Abs. 1 Nr. 2 InsO führt.[20]

Es gibt aus meiner Sicht keine zwingenden oder überzeugenden Gründe, die es rechtfertigen, die Entscheidungsfreiheiten des Erben im sozialhilferechtlichen Kontext einerseits und im pfändungs- und insolvenzrechtlichen Kontext andererseits unterschiedlich zu bewerten.

Sofern man sich der Ansicht anschließt, dass ein Pflichtteilsverzicht zulasten des Sozialhilfeträgers sittenwidrig ist, stellt sich die Frage, inwieweit sich der Vorwurf der Sittenwidrigkeit durch die Leistung einer **Abfindung** beseitigen lässt. Auch wenn man mit der überzeugenden hM davon ausgeht, dass ein Pflichtteilsverzicht nicht sittenwidrig ist, wird die Frage einer angemessenen Abfindung für den erklärten Pflichtteilsverzicht bei geschäftsunfähigen Leistungsempfängern auftauchen. In diesem Fall müsste ein Betreuer den Pflichtteilsverzichtsvertrag abschließen.[21] Die Erklärung des Betreuers bedürfte der Genehmigung des Betreuungsgerichts, §§ 1918i Abs. 1, 1822 Nr. 2 BGB. Ohne jegliche Gegenleistung wird dem Betreuungsgericht aber nur schwer vermittelbar sein, dass der Pflichtteilsverzichtsvertrag den Interessen des Betreuten dient. Unter welchen Voraussetzungen eine Abfindung für einen Pflichtteilsverzicht angemessen ist, wird in der Literatur kaum behandelt. Zu untersuchen sind insbesondere zwei Aspekte: die Höhe der Abfindung

16 SG Dortmund ZEV 2010, 54 ff.; SG Mannheim vom 20. 12. 2006 - S 12 AS 536/06 - uv.

17 BGH NJW 1986, 129.

18 BGH NJW 1997, 2384; zur Anfechtung nach AnfG vgl. *Huber*, AnfG § 1 Rn. 26.

19 *Reul*, MittRhNotK 1997, 374.

20 BGH MittBayNot 2010, 52, m. Anm. *Menzel*.

21 Der Pflichtteilsverzichtsvertrag ist nur für den Erblasser, nicht jedoch für den Verzichtenden ein höchstpersönliches Rechtsgeschäft, MüKo-*Strobel*, 4. Aufl. 2004, § 2347, Rn. 3.

und der Berechnungszeitpunkt (Zeitpunkt des Pflichtteilsverzichtsvertrags oder Zeitpunkt des Erbfalls). Eine Literaturmeinung geht davon aus, dass die Abfindung so hoch sein müsse wie der fiktive Pflichtteilsanspruch des Verzichtenden bei Abschluss des Vertrags.[22] Meines Erachtens muss dieser Meinung in beiden Punkten widersprochen werden, d.h. sowohl bzgl. des Zeitpunkts als auch bzgl. der Höhe der Abfindung. Der Pflichtteilsanspruch entsteht erst im Zeitpunkt des Erbfalls, wirkt sich also erst zu diesem Zeitpunkt aus. Eine Berechnung der Abfindung (d.h. des fiktiven Pflichtteils) auf der Grundlage der aktuellen Vermögensverhältnisse des Erblassers basiert auf reinen Zufälligkeiten und kann daher nicht zu sachgerechten Ergebnissen führen. Natürlich kann die Höhe des Vermögens des Erblassers zu dessen Todeszeitpunkt nicht prognostiziert werden. Richtigerweise stellt daher das aktuelle Vermögen des Erblassers den Ausgangspunkt für die Berechnung der Abfindung dar. Von dem aktuellen Vermögen müssen dann erhebliche Abschläge vorgenommen werden: zum einen wegen der Unsicherheit der Höhe des Vermögens des Erblassers im Zeitpunkt seines Todes, zum anderen wegen des aleatorischen Charakters des Pflichtteils. Wie dargelegt sind sowohl das Ob (Vorversterben) als auch die Höhe des Pflichtteilsanspruchs völlig offen. Vor diesem Hintergrund erscheint ein Abschlag von 50 % gegenüber dem derzeitigen fiktiven Wert der Pflichtteilsansprüche als gerechtfertigt. Rechtsprechung liegt zu dieser Frage allerdings noch nicht vor, so dass der Vertragsgestalter sich derzeit noch auf unsicherem Terrain bewegt.

Ungeklärt ist auch die Frage, ob Vorleistungen (Geschenke in der Vergangenheit etc.) des Pflichtteilsverzichtsempfängers (d.h. der Eltern) eine solche Abfindung begründen können. Eltern sind ihren Kinder gegenüber unterhaltspflichtig, auch über die Volljährigkeit hinaus. Viele dieser etwaigen Vorleistungen werden dann wohl unter die Unterhaltspflicht subsumiert werden müssen und können nicht nachträglich als Vorleistung auf den Pflichtteilsverzicht qualifiziert werden.

Von besonderem Interesse ist schließlich die Frage, ob eine ausreichende Abfindung für den Pflichtteilsverzicht darin gesehen werden kann, dass der Erblasser den Verzichtenden als zukünftigen Erben in einem Behinderten- oder Bedürftigentestament einsetzt. Dies würde zumindest voraussetzen, dass der Erblasser die Erbeinsetzung nicht mehr einseitig aufheben kann, d.h. dass der Erblasser erbvertraglich gebunden ist, § 2289 BGB.[23] Ob die Vertreter der Ansicht, die eine Sittenwidrigkeit des Pflichtteilsverzichtsvertrags bejaht, in einer solchen Erbeinsetzung eine ausreichende Kompensation sehen, erscheint allerdings zweifelhaft. Das Verdikt der Sittenwidrigkeit kann nach dieser Auffassung wohl nur beseitigt werden, wenn der Verzichtende im *Zeitpunkt seines Verzichts* eine Kompensation für seine Pflichtteilsansprüche erhält. Die tatsächliche Erwerbsaussicht aus einem Erbvertrag (nach

22 *Lambrecht*, Der Zugriff des Sozialhilfeträgers auf den erbrechtlichen Erwerb, 2001, S. 171.
23 *Vaupel* RNotZ 2010, 141, 142.

richtiger Auffassung begründet ein erbvertraglicher Anspruch nicht einmal ein Anwartschaftsrecht[24]) dürfte nicht ausreichen. Erst recht gilt dies für die Konstruktion, in der dem Leistungsempfänger etwa mittels einer Auflage Leistungen zufließen sollen. Hier mangelt es an einer durchsetzbaren Rechtsposition, § 2194 BGB.
Fazit:
Die besseren Argumente sprechen für die Rechtmäßigkeit des Pflichtteilsverzichts eines Leistungsempfängers. Da aber höchstrichterliche Entscheidungen noch ausstehen, ist ein solcher Verzicht mit erheblicher Rechtsunsicherheit behaftet. Sozialgerichtliche Entscheidungen lassen befürchten, dass die Rechtsprechung hinsichtlich der Beurteilung der Sittenwidrigkeit eines Pflichtteilsverzichtvertrages eines ALG II-Empfängers strengere Maßstäbe angelegen wird als im Fall eines Behinderten.

Selbst wenn ein Gericht den Pflichtteilsverzichtsvertrag eines ALG II-Empfängers als wirksam erachtet, kommt eine **Anspruchskürzung** nach § 31 Abs. 4 S. 1 Nr. 1 SGB II (bzw. falls Obliegenheitsverstöße vorangegangen sind Streichung für maximal drei Monate) in Betracht (vgl. auch § 26 Abs. 1 S. 1 SGB XII). Danach kann der Leistungsträger die Regelleistung absenken, wenn der Anspruchsteller sein Vermögen in der Absicht vermindert, die Voraussetzungen für die Gewährung oder Erhöhung des Arbeitslosengeldes II herbeizuführen. Ob ein Pflichtteilsverzichtsvertrag unter diese Vorschrift subsumiert werden kann, ist von der Rechtsprechung bislang nicht entschieden worden. Richtigerweise dürfen diese Sanktionen nicht in Betracht kommen, da der Hilfebedürftige durch einen solchen Verzicht lediglich eine Chance aufgibt. Diese »Chance« gehört nicht zum Vermögen i.S.d. § 12 Abs. 1 SGB II bzw. § 90 Abs. 1 SGB XII. Mangels Vermögen kann es keine Vermögensminderungsabsicht geben. Entscheidend ist dabei der Zeitpunkt der Weggabe des »Vermögens«, i.e. der Verzichtsvertrag, nicht der Zeitpunkt des Entstehens des »Vermögens«, i.e. der Erbfall. *Krauß* konstatiert jedoch, dass die Verwaltungspraxis die Minderung des Einkommens oder Vermögens sehr weitgehend auch auf das Unterlassen eines künftigen Erwerbs bezieht.[25] Danach könnte bei einem Pflichtteilsverzichtsvertrag tatsächlich eine Kürzungsmöglichkeit bestehen. Auch aus Sicht der Verwaltung kann das aber nur dann richtig sein, wenn der Leistungsempfänger auf den Pflichtteil verzichtet, um – nachweisbar – eine Anrechnung des späteren Pflichtteils auf die Sozialhilfe zu verhindern.

Gemäß § 34 Abs. 1 SGB II (vgl. auch § 103 SGB XII) besteht ein **Kostenersatzanspruch**, wenn der Leistungsempfänger die Voraussetzungen für seine Hilfebedürftigkeit zumindest grob fahrlässig herbeiführt (anders als in § 31 Abs. 4 S. 1 Nr. 1 SGB II) wird also keine Absicht gefordert. Das BVerwG hat hierzu den Be-

24 Palandt-*Edenhofer* § 1922 Rn. 3.
25 *Krauß*, Überlassungsverträge in der Praxis, 2. Aufl. 2009, Rn. 97.

griff des »sozialwidrigen Verhaltens« geprägt.[26] Da der Pflichtteilsanspruch wie gesehen aber lediglich eine Chance begründet, die sich möglicherweise erst in vielen Jahren realisiert, kann man meines Erachtens bei einem Verzicht auf diese Chance nicht von einer grob fahrlässig herbeigeführten Hilfsbedürftigkeit sprechen.

Dieses Argument trifft auch bei der Frage, ob ein Pflichtteilsverzicht zu einem Anspruchsausschluss nach § 41 Abs. 1 S. 1 SGB XII führt. § 41 Abs. 1 S. 1 SGB XII besagt, dass der Anspruch einer Person auf Grundsicherung im Alter und bei Erwerbsminderung ausgeschlossen ist, wenn die Person in den letzten zehn Jahren ihre Bedürftigkeit vorsätzlich oder fahrlässig herbeigeführt hat.[27]

II. Überleitung von Pflichtteilsansprüchen

Ausgangsfall:[28]
Eltern eines im Sinne des SGB II hilfebedürftigen Kindes haben sich in einem klassischen Berliner Testament als Alleinerben und das Kind als Schlusserben eingesetzt. Der Vater verstirbt und hinterlässt der Mutter seinen Miteigentumsanteil an dem selbst bewohnten, nach § 12 Abs. 3 Nr. 4 SGB II angemessen großen Haus. Die Mutter erhält Hinterbliebenen-Rente in Höhe von ca. 900,– EUR. Wesentliches Vermögen hat sie nicht. Das hilfebedürftige Kind beansprucht Sozialleistungen nach SGB II, die der Leistungsträger unter Hinweis auf bestehendes Vermögen in Form des Pflichtteilsanspruchs verneint.

Bestehende Pflichtteilsansprüche sind grds. vorrangig zu verwertendes Vermögen. Sofern der Anspruchsteller aktuell bedürftig ist, werden in der Praxis trotz eines bestehenden Pflichtteilsanspruchs regelmäßig Leistungen der Sozialhilfe erbracht. Der Leistungsträger wird dann allerdings versuchen, den Pflichtteilsanspruch gem. § 33 Abs. 1 SGB II bzw. § 93 Abs. 1 SGB XII auf sich überleiten (bzw. den im Wege der cessio legis übergegangenen Anspruch einzufordern). Dem steht nicht **§ 852 Abs. 1 ZPO** entgegen, wonach ein Pflichtteilsanspruch nur gepfändet werden kann, sofern er durch Vertrag anerkannt oder rechtshängig geworden ist. Sowohl § 33 SGB II als auch § 93 SGB XII sehen vor, dass eine Überleitung bzw. ein Übergang nicht dadurch ausgeschlossen werden, dass der Anspruch nicht gepfändet werden kann. Dies hat der BGH bestätigt.[29] Der BGH hat in den genannten Entscheidungen auch festgestellt, dass **Pflichtteilstrafklauseln** die Geltendmachung des Pflichtteilsanspruchs durch den Sozialleistungsträger nicht verhindern. Vielmehr

26 BVerwG 67, 163.
27 Bejahend für einen nachehelichen Unterhaltsverzicht *Kamanski* in Jahn SGB § 41 SGB XII Rn. 69; aA *Schoch* in LPK - GSiG § 2 Rn. 96.
28 Fall nach BSG, Urt. v. 06. 05. 2010 – B 14 AS 2/09 R.
29 BGH ZEV 2005, 117; BGH ZErb 2006, 53; anders BayObLG DNotI-Report 2003, 189.

legt der BGH derartige Pflichtteilsstrafklauseln einschränkend dahingehend aus, dass sie nicht den Fall erfassen, dass der Sozialleistungsträger einen übergeleiteten Pflichtteilsanspruch geltend macht.[30] Bei geringen Pflichtteilsansprüchen kann § 12 Abs. 2 Nr. 1 SGB II der Überleitung entgegenstehen. Danach steht dem Hilfebedürftigen i.S.d. SGB II ein Freibetrag i.H.v. 150,– EUR pro Lebensjahren des Hilfeempfängers und seines Partners zu. Sofern dieser Vermögensfreibetrag nicht bereits anderweitig aufgebraucht ist, kann diese Vorschrift im Einzelfall einer Verwertung des Pflichtteilsanspruchs entgegenstehen.

Gemäß § 12 Abs. 3 S. 1 Nr. 6 SGB II sind als Vermögen nicht zu berücksichtigen Sachen und Rechte, soweit ihre Verwertung offensichtlich unwirtschaftlich ist oder für den Betroffenen eine besondere Härte bedeuten würde (vgl. auch § 90 Abs. 3 SGB XII). Dass der Hilfebedürftige den Pflichtteilsanspruch wegen familiärer Rücksichtnahme nicht geltend machen will, führt nicht zu seiner Unverwertbarkeit.[31] Es gibt keine moralische Pflicht, in einer intakten Familie auf den Rechtsanspruch nach § 2303 BGB zu verzichten. Das BSG hat allerdings in einer aktuellen Entscheidung die Voraussetzungen beschrieben, unter denen die Verwertung eines Pflichtteilsanspruchs eine besondere Härte i.S.d. § 12 Abs. 3 S. 1 Nr. 6 SGB II darstellen kann.[32] Insbesondere hat das BSG klargestellt, dass eine besondere Härte nicht nur bei Gründen in der Person des Antragstellers, sondern auch bei Gründen in der Person Dritter, hier des Pflichtteilsschuldners, i.e. des Erben, angenommen werden kann. Allein die Tatsache, dass ein Pflichtteilsanspruch aus einem Berliner Testament resultiert, führt allerdings noch nicht zu einer besonderen Härte.[33] Es gibt keinen Erfahrungssatz, dass die Geltendmachung eines Pflichtteilsanspruchs auf der Grundlage eines Berliner Testaments stets als ein eine besondere Härte begründender familiärer Affront betrachtet werden würde.[34] Eine besondere Härte kann aus *persönlichen* Umständen oder *wirtschaftlichen* Verhältnissen des Pflichtteilsschuldners resultieren. So nennt etwa das BVerwG die nachhaltige Störung des Familienfriedens einen eine besondere Härte begründenden persönlichen Umstand.[35] Die Ebene der persönlichen Umstände, die zu einer besonderen Härte führen können, ist freilich für den Kautelarjuristen wenig fassbar. Interessant sind hier die wirtschaftlichen Verhältnisse des Pflichtteilsschuldners, aus denen eine besondere Härte resultieren kann.

30 Vgl. auch Hk-Pflichtteilsrecht/Grziwotz, 1. Aufl. 2010, § 2317 Rn. 31.

31 BSG, Urt. v. 06. 05. 2010 – B 14 AS 2/09 R, 1, 6.

32 BSG, Urt. v. 06. 05. 2010 – B 14 AS 2/09 R, 1, 7 ff.

33 Anders noch in der Tendenz die Vorinstanz: LSG Nordrhein-Westfalen, 24. 11. 2008 – B 14 AS 2/09 R.

34 Das BSG betont allerdings an anderer Stelle, dass eine „*schwerwiegende familiäre Konfliktsituation*“ durchaus zu berücksichtigen sei, S. 8.

35 BVerwG Beschluss vom 10. 03. 1995 – 5 B 37/95.

Das LSG Nordrhein-Westfalen hatte hierzu noch allgemein angenommen, dass die Verwertung des Pflichtteilsanspruchs dann wirtschaftlich unzumutbar sei, wenn der Erbe das Ererbte, namentlich das Familienheim, für seine Alterssicherung benötige.[36] Das diese Entscheidung zurückweisende BSG hat die wirtschaftlichen Verhältnisse, die eine besondere Härte begründen, nun konkretisiert. Danach ist eine wirtschaftliche Unzumutbarkeit anzunehmen, wenn die in § 1 Abs. 2 ALG II-V[37] festgelegten Grenzen für die Leistungsfähigkeit von Angehörigen, die im Rahmen des § 9 Abs. 5 SGB II (Haushaltsgemeinschaft) herangezogen werden, überschritten ist. Nach § 9 Abs. 5 SGB II wird vermutet, dass Hilfebedürftige von Verwandten, mit denen sie in einer Haushaltsgemeinschaft wohnen, Leistungen erhalten, sofern dies nach deren Einkommen und Vermögen erwartet werden kann. Die Grenzen des heranzuziehenden Einkommens werden in § 1 Abs. 2 ALG II-V und die Grenzen des heranzuziehenden Vermögens werden in § 7 Abs. 2 ALG II-V wie folgt definiert:

§ 1 Abs. 2 ALG II-V:

»Bei der § 9 Abs. 5 des Zweiten Buches Sozialgesetzbuch zugrunde liegenden Vermutung, dass Verwandte und Verschwägerte an mit ihnen in Haushaltsgemeinschaft lebende Hilfebedürftige Leistungen erbringen, sind die um die Absetzbeträge nach § 11 Abs. 2 des Zweiten Buches Sozialgesetzbuch bereinigten Einnahmen in der Regel nicht als Einkommen zu berücksichtigen, soweit sie einen Freibetrag in Höhe des doppelten Satzes der nach § 20 Abs. 2 Satz 1 des Zweiten Buches Sozialgesetzbuch maßgebenden Regelleistung zuzüglich der anteiligen Aufwendungen für Unterkunft und Heizung sowie darüber hinausgehend 50 Prozent der diesen Freibetrag übersteigenden bereinigten Einnahmen nicht überschreiten. § 11 Abs. 1, 3, 3a und 4 des Zweiten Buches Sozialgesetzbuch gilt entsprechend.«

Hierzu ein Zahlenbeispiel: Der Regelsatz beträgt derzeit noch 359,– EUR (im Laufe des Jahres 2011 wohl 364,– EUR). Der zweifache Regelsatz beläuft sich damit auf 718,– EUR. Die anteiligen Aufwendungen für Unterkunft und Heizung betragen beispielsweise 500,– EUR. Die relevante Grenze liegt damit bei 1.218,– EUR. Im Übrigen werden dem Erben die über diesen Freibetrag zustehenden bereinigten (§ 11 Abs. 2 SGB II) Einkünfte zu 50 % abgezogen.

§ 7 Abs. 2 ALG II-V:

»Bei der § 9 Abs. 5 des Zweiten Buches Sozialgesetzbuch zu Grunde liegenden Vermutung, dass Verwandte und Verschwägerte an mit ihnen in Haushaltsgemeinschaft lebende Hilfebedürftige Leistungen erbringen, ist Vermögen nicht zu berücksichtigen, das nach § 12 Abs. 2 des Zweiten Buches Sozialgesetzbuch abzusetzen

36 LSG Nordrhein-Westfalen, 24. 11. 2008 – B 14 AS 2/09 R; ähnlich OLG Bremen DNotZ 2009, 225.

37 Verordnung zur Berechnung sowie zur Nichtberücksichtigung von Einkommen und Vermögen beim Arbeitslosengeld II/Sozialgeld.

oder nach § 12 Abs. 3 des Zweiten Buches Sozialgesetzbuch nicht zu berücksichtigen ist.«

Über § 7 Abs. 2 ALG II-V werden damit die nicht unerheblichen Schonvermögenstatbestände des § 12 SGB II (z.B. Grundfreibetrag von 150,– EUR pro vollendetem Lebensjahr, § 12 Abs. 2 Nr. 1 SGB II; angemessenes KFZ und Hausgrundstück, § 12 Abs. 3 Nr. 2 und 4 SGB II), die an sich nur für den Hilfebedürftigen gelten, auf die Person des Drittschuldners, i.e. Pflichtteilsschuldners, transferiert.

Das Urteil hat über die Frage des Vorliegens einer besonderen Härte hinaus eine erhebliche Bedeutung für die Abfassung von Bedürftigentestamenten. Sofern die Einkommens- und Vermögenssituation des überlebenden Ehegatten sich in den Grenzen des § 1 Abs. 2 ALG II-V (Einkommen) bzw. § 7 Abs. 2 ALG II-V i.V.m. § 12 Abs. 2 und 3 SGB II (Vermögen) bewegt, besteht kein zwingender Grund auf die komplizierte Konstruktion eines Bedürftigentestaments zu rekurrieren. Vielmehr ist in diesen Fällen ein Berliner Testament ausreichend. Der dann entstehende Pflichtteilsanspruch des Hilfebedürftigen ist wegen der bestehenden besonderen Härte nicht verwertbar.[38]

Lösung Ausgangsfall:

Die Verwertung des Pflichtteilsanspruchs scheidet im Ausgangsfall aus. Das Einkommen des Pflichtteilsschuldners überschreitet nicht die relevante Grenze nach § 1 Abs. 2 ALG II-V. Das Vermögen, d.h. das bewohnte Haus, bewegt sich im Rahmen des zulässigen Vermögens, §§ 7 Abs. 2 ALG II-V, 12 Abs. 3 Nr. 4 SGB II. Die Verwertung würde demnach eine besondere Härte i.S.d. § 12 Abs. 3 S. 1 Nr. 6 Alt. 2 SGB II darstellen. Das hilfebedürftige Kind hat Anspruch auf Leistungen nach dem SGB II. Nach § 23 Abs. 5 SGB II (vgl. auch § 91 SGB XII) werden diese Leistungen i.d.R. allerdings nur darlehensweise gewährt.

III. Verzicht auf entstandene Pflichtteilsansprüche

Bezieht der Pflichtteilsberechtigte bereits beim Erbfall **ALG II**, geht der Pflichtteilsanspruch mit dem Erbfall automatisch im Wege einer cessio legis auf den Sozialhilfeträger über, § 33 Abs. 1 S. 1 SGB II. Der Leistungsempfänger verfügt demnach von vornherein nie über den Pflichtteilsanspruch, so dass sich die Frage der Wirksamkeit eines Verzichts auf den entstandenen Pflichtteilsanspruch in Form eines Erlassvertrags nach § 397 BGB nicht stellt.[39] Die Wirksamkeit eines Verzichts

38 Freilich werden in diesen Fällen auch oft die (mit Wirkung zum 01. 01. 2010 erweiterten) Voraussetzungen einer Pflichtteilsstundung nach § 2331a BGB eingreifen, die auch gegenüber dem Sozialhilfeträger gelten.

39 *Link* in Eicher/Spellbrink, SGB II, 2. Aufl. 2008, § 33 Rn. 25; *Merten* in Rolfs/Giesen/Kreikebohm/Udsching, BeckOK SGB II § 33 Rn. 5.

nach § 138 BGB steht allenfalls dann im Raum, wenn der Verzichtende im Zeitpunkt des Verzichts noch keine Leistungen nach SGB II beanspruchte, es mithin noch nicht zu einer cessio legis kam, es aber absehbar war, dass der Verzichtende ohne Durchsetzung des Pflichtteilsanspruchs alsbald auf Sozialhilfe würde angewiesen sein.[40] Im Übrigen könnte ein Erlassvertrag allenfalls nach §§ 407, 412 BGB wirksam sein, sofern der bisherige Schuldner, i.e. der Erbe, den Forderungsübergang nicht kannte. In der Literatur wird dieses Problem, soweit ersichtlich, bislang kaum behandelt. *V. Proff* meint hierzu, dass der Nachranggrundsatz den Beteiligten zumindest laienhaft bekannt sei.[41] Dies erscheint mir richtig. Dem Erben wird bewusst sein, dass der Pflichtteilsgläubiger auf seinen Anspruch nicht ohne Grund verzichten wird. Zumindest in den Fällen, in denen der Erbe die Sozialhilfebedürftigkeit des Pflichtteilsgläubigers kennt, wird man eine Wirksamkeit des Erlasses nach §§ 407, 412 BGB ablehnen müssen.

Bezieht der Hilfebedürftige Sozialhilfe nach **SGB XII** bewirkt erst die schriftliche Überleitungsanzeige, dass der Pflichtteilsanspruch auf den Sozialhilfeträger in Höhe der seit dem Erbfall erbrachten Leistungen übergeht, § 93 Abs. 1 S. 1 SGB XII.[42] Gemäß § 93 Abs. 2 SGB XII führt die Überleitungsanzeige zwar grds. zu einer Rückwirkung, nicht jedoch dazu, dass der Hilfebedürftige rückwirkend seine Forderungsinhaberschaft verlieren würde.[43] Ein Erlassvertrag hinsichtlich des entstandenen Pflichtteilsanspruchs zu einem Zeitpunkt, in dem der Sozialhilfeträger den Anspruch noch nicht auf sich übergeleitet hat, ist demnach grds. möglich.

Sofern ein Erlassvertrag hinsichtlich entstandener Pflichtteilsansprüche kraft Forderungsinhaberschaft grds. zustande kam, verstößt dieser nach fast einhelliger Auffassung gegen § 138 BGB, da eine sichere Erwerbsquelle verschüttet und damit der sozialhilferechtliche Nachranggrundsatz verletzt wird.[44] Eine Schädigungsabsicht ist nicht erforderlich.[45] Es genügt, dass den Beteiligten zumindest grob fahrlässig unbekannt war, dass der Verzichtende nicht über ausreichend Mittel verfügt, um nicht auf Sozialhilfe angewiesen zu sein.

Diese Auffassung führt freilich zu Wertungswidersprüchen zum Pfändungs- und Insolvenzrecht. Ein zivilrechtlicher Gläubiger kann einen Pflichtteilsanspruch nur pfänden, wenn der Schuldner diesen geltend macht, § 852 ZPO. Bleibt der Schuldner untätig, wird der Pflichtteilsanspruch spätestens mit Verjährung für den Gläubi-

40 *V. Proff*, ZErb 2010, 206, 207.

41 *V. Proff*, ZErb 2010, 206 f.

42 OLG Frankfurt ZEV 2004, 24.

43 *Gerenkamp* in Mergler/Zink SGB XII Rn. 40.

44 VGH Baden-Württemberg NJW 1993, 2953; OLG Frankfurt FamRZ 2005, 60; *Littig/Mayer*, Sozialhilferegress gegenüber Erben und Beschenkten, 1999, Rn. 25; Mayer ZEV 2007, 556, 559; *v. Proff zu Irnich* ZErb 2010, 207; a.A. *Niewerth-Baumann*, Die Einschränkung der Dispositionsfreiheit des sozialhilfebedürftigen Erben aufgrund des sozialhilferechtlichen Nachrangprinzips, 1998, S. 103.

45 Vgl. zum Unterhaltsverzicht bei Ehegatten BGH FamRZ 2009, 198 m. Anm. *Bergschneider*.

ger unerreichbar.[46] Das bloße Verjährenlassen des Pflichtteilsanspruchs stellt keine anfechtbare Schenkung dar. Etwas anderes gilt zwar für einen Erlassvertrag nach § 397 BGB. Auch der Erlassvertrag ist jedoch nach allg. Auffassung nicht anfechtbar, da dies zu einem Wertungswiderspruch mit § 852 ZPO führen würde.[47] Insolvenzrechtlich gilt, dass unpfändbare Gegenstände nicht zur Insolvenzmasse zählen, § 36 Abs. 1 S. 1 InsO. Der BGH hat allerdings § 852 ZPO nicht als Pfändungsverbot, sondern als aufschiebend bedingte Verwertbarkeit eines bereits vorab pfändbaren Anspruchs ausgelegt.[48] Demnach gehört der Pflichtteilsanspruch zwar grds. zur Insolvenzmasse, der Insolvenzverwalter kann den Schuldner jedoch nicht zur Geltendmachung des Pflichtteilsanspruchs zwingen.[49] Schließlich hat der BGH aktuell entschieden, dass die Nichtgeltendmachung des Pflichtteilsanspruchs keine Obliegenheitsverletzung im Rahmen der Restschuldbefreiung begründe.[50] Gleiches gilt für einen Erlassvertrag hinsichtlich eines bestehenden Pflichtteilsanspruchs.[51] Der BGH argumentiert, dass § 295 Abs. 1 Nr. 2 InsO zwar die Obliegenheit des Schuldners zur Herausgabe der Hälfte des von Todes wegen erworbenen Vermögens statuiert, wozu auch Pflichtteilsansprüche zählen. Der BGH betont allerdings, dass die Pflicht zur Ablieferung des geltend gemachten Pflichtteilsanspruchs zur Hälfte nur ein gesetzgeberischer Anreiz sei, den Anspruch geltend zu machen. Eine solche Anreizfunktion würde sich aber mit einer gesetzlichen Obliegenheitsverpflichtung mit gravierenden Konsequenzen (Versagung der Restschuldbefreiung) nicht vertragen. Im Übrigen sei das Entscheidungsrecht des Erben höchstpersönlich.

Die unterschiedliche Behandlung des Erlassvertrags im Sozialhilfefall einerseits und im Pfändungs- bzw. Insolvenzfall andererseits lässt sich allenfalls mit der Qualität des Gläubigers begründen: im ersten Fall der Sozialhilfeträger, i.e. die dahinterstehende Allgemeinheit, im zweiten Fall »nur« Einzelpersonen. Ob die Person des Gläubigers allerdings wirklich eine unterschiedliche Beantwortung dieser Frage bedingt, erscheint mir zweifelhaft. Die Entscheidungsfreiheit des Erben nach dem Erbfall sollte vielmehr einheitlich beurteilt werden.

Selbst wenn man allerdings zu dem Ergebnis kommt, dass der Erlassvertrag nicht nach § 138 BGB sittenwidrig ist, wird dem Antragsteller nicht viel geholfen sein. Dem Erlassvertrag wird regelmäßig eine Schenkung nach § 516 BGB zugrundliegen. § 517 □GB ist nach richtiger Auffassung nicht analog anwendbar.[52] Der »geschenkte« Erlass könnte danach gemäß § 528 BGB zurückgefordert werden. Darü-

46 BGH DNotZ 1998, 827.

47 Staudinger/*Haas*, BGB, § 2317 Rn. 57; *Klumpp* ZEV 1998, 126.

48 BGH DNotZ 1994, 780.

49 *Klumpp* ZEV 1998, 126; *Keim* ZEV 1998, 127.

50 BGH MittBayNot 2010, 52 m. Anm. *Menzel*; str., vgl. MüKo-InsO/*Ehricke* § 295 Rn. 57 m.w.N.; *Reul/Heckschen/Wienberg*, Insolvenzrecht in der Kautelarpraxis, S. 334.

51 *Menzel*, MittBayNot 2010, 54.

52 *Muscheler* ZEV 2005, 119 f.

ber hinaus dürften bei einem Erlassvertrag oftmals die Voraussetzungen des § 31 Abs. 4 S. 1 Nr. 1 SGB II (s.a. § 26 Abs. 1 S. 1 Nr. 1 SGB XII) erfüllt sein mit der Folge einer Leistungskürzung. Sofern eine entsprechende Absicht vorlag, wird dies auch dann gelten, wenn der Hilfebedürftige im Zeitpunkt des Erlassvertrags noch gar keine Leistungen nach SGB II bzw. SGB XII beanspruchte. Schließlich droht ein Anspruch auf Kostenersatz nach § 34 Abs. 1 Nr. 1 SGB II (§ 103 Abs. 1 S. 1 SGB XII). Wer auf einen bereits entstandenen Pflichtteilsanspruch verzichtet, wird in vielen Fällen die Voraussetzungen für seine Hilfebedürftigkeit grob fahrlässig herbeigeführt haben.

IV. Erbverzicht eines ALG II-Empfängers

Die Rechtsprechung hat bislang nicht erörtert, ob die zum Pflichtteilsverzichtsvertrag herangezogenen Grundsätze auf einen Erbverzicht nach § 2346 Abs. 1 BGB übertragen werden können. Nach richtiger Auffassung muss unterschieden werden. Erstreckt sich der Erbverzicht auch das Pflichtteilsrecht, gelten insoweit die Ausführungen zum Pflichtteilsverzicht entsprechend. Für den darüber hinausgehenden erbrechtlichen Verzicht stellt sich die Frage der Sittenwidrigkeit nach § 138 BGB nicht. Der Erblasser kann den Leistungsempfänger grundlos enterben, solange das Pflichtteilsrecht unberührt bleibt, ohne dass diese Vorgehensweise mit dem Verdikt der Sittenwidrigkeit belegt würde. Daran kann sich auch dann nichts ändern, wenn der Verzichtende mittels Erbverzicht dieser Enterbung faktisch zustimmt.[53]

Die Wirksamkeit des Erbverzichtsvertrags unterstellt, muss man auf der nächsten Stufe prüfen, ob der Sozialleistungsträger die Leistungen aufgrund des Verzichtsvertrags kürzen kann, § 31 Abs. 4 S. 1 Nr. 1 SGB II, § 26 Abs. 1 Nr. 1 SGB XII. Dies setzt voraus, dass der Leistungsempfänger sein Vermögen vermindert in der Absicht, die Voraussetzungen für die Gewährung der Sozialhilfe herbeizuführen. Die Aussicht auf einen Erwerb aufgrund gesetzlicher Erbfolge, auf die der Leistungsempfänger verzichtet, ist aber im Zeitpunkt des Verzichtsvertrags lediglich eine potentielle, ungesicherte Erwerbschance. Ob gesetzliche Erbfolge tatsächlich eintreten würde (z.B. Vorversterben des Verzichtenden, Enterbung) bzw. in welcher Höhe der Leistungsempfänger tatsächlich gesetzlicher Erbe werden würde, ist nicht prognostizierbar. Der Leistungsempfänger verzichtet damit nicht auf Vermögen, sondern lediglich auf einen potentiellen Hinzuerwerb.[54] Eine Vermögensminde-

53 Im Ergebnis zustimmend *Schumacher*, Rechtsgeschäfte zu Lasten der Sozialhilfe im Familien- und Erbrecht, 2000, S. 142; *Lambrecht*, Der Zugriff des Sozialhilfeträgers auf den erbrechtlichen Erwerb, 2001, S. 170, 172.

54 *Lambrecht*, Der Zugriff des Sozialhilfeträgers auf den erbrechtlichen Erwerb, 2001, S. 172 Fn. 791.

rungsabsicht ist zu verneinen. Gleichermaßen ist auch ein Kostenersatzanspruch nach § 34 Abs. 1 Nr. 1 SGB II bzw. § 103 Abs. 1 S. 1 SGB XII ausgeschlossen.

V. Zuwendungsverzicht eines ALG II-Empfängers

Ausgangsfall:
Die nicht mehr testierfähige Erblasserin hat ihren einzigen Sohn, der auf Leistungen nach dem SGB II angewiesen ist, zum Erben eingesetzt. Der Sohn möchte den Anfall der Erbschaft vermeiden und eine Lösung finden, wonach sein Sohn, i.e. der Enkel der Erblasserin, die Erbschaft erhält.

Rechtsprechung und Literatur haben sich – soweit ersichtlich – bislang nicht mit der Frage beschäftigt, ob ein Zuwendungsverzicht als sittenwidrig qualifiziert werden kann, wenn er während des Bezugs nachrangiger Sozialleistungen erklärt wird. Diese Frage ist von gesteigerter Bedeutung, nachdem der Anwendungsbereich des Zuwendungsverzichts durch Erstreckung auf die Abkömmlinge erheblich erweitert wurde, §§ 2352 S. 3, 2349 BGB. Aus meiner Sicht ist dies abzulehnen. Die Argumente, die zur Begründung der Sittenwidrigkeit eines Pflichtteilsverzichts verwandt wurden, sind auf einen Zuwendungsverzicht nicht übertragbar. Die Sittenwidrigkeit eines Pflichtteilsverzichts wurde u.a. damit begründet, dass dem Pflichtteilsanspruch Unterhaltsersatzfunktion zukomme[55] und daher die zum Unterhaltsverzicht unter Ehegatten entwickelten Grundsätze herangezogen werden müssten. Wie gesehen dient der Pflichtteilsanspruch richtigerweise der Teilhabe am Vermögen des Erblassers und nicht der Versorgung des Pflichtteilsberechtigten. Selbst wenn man aber dem Pflichtteilsanspruch Unterhaltscharakter zuspricht, kann zumindest das, was der Erblasser seinen Erben über den Pflichtteil hinaus zukommen lässt, keine Unterhaltsersatzfunktion haben. Folgerichtig kann der ALG II-Empfänger darauf auch verzichten, ohne dass dieser Verzicht als sittenwidrig eingestuft werden könnte. Darüber hinaus dient der Zuwendungsverzicht nach § 2352 BGB der Wiederherstellung der Testierfreiheit des Erblassers. Dieses Motiv kann, auch vor dem Hintergrund von Art. 14 GG, nur schwerlich als sittenwidrig getadelt werden. Nicht zuletzt spricht auch die insolvenzrechtliche Wertung gegen die Sittenwidrigkeit des Zuwendungsverzichts. Nach richtiger Ansicht unterliegt ein Zuwendungsverzicht nicht der Anfechtung nach InsO bzw. AnfG.[56] Zumindest solche Zuwendungsverzichtsverträge, die das Pflichtteilsrecht unberührt lassen, sind demnach als wirksam zu betrachten.

Die Wirksamkeit des Zuwendungsverzichtsvertrags unterstellt, muss man auf der nächsten Stufe prüfen, ob der Sozialleistungsträger die Leistungen aufgrund des

55 VGH Mannheim NJW 1993, 2953, 2954.

56 *Reul/Heckschen/Wienberg*, Insolvenzrecht in der Kautelarpraxis, S. 332.

Verzichtsvertrags kürzen kann, § 31 Abs. 4 S. 1 Nr. 1 SGB II, § 26 Abs. 1 Nr. 1 SGB XII. Dies setzt voraus, dass der Leistungsempfänger sein Vermögen vermindert in der Absicht, die Voraussetzungen für die Gewährung der Sozialhilfe herbeizuführen. Ebenso wie die gesetzliche Erbfolge ist aber auch eine testamentarische Zuwendung, auf die der Leistungsempfänger verzichtet, lediglich eine potentielle, ungesicherte Erwerbschance. Das »Ob« und die Höhe der Zuwendungen sind völlig offen. Der Leistungsempfänger verzichtet ausschließlich auf einen potentiellen Hinzuerwerb.[57] Eine Vermögensminderungsabsicht ist zu verneinen.

Eine andere Ansicht ist auch dann nicht geboten, wenn man mit einer Mindermeinung dem mittels einer bindenden letztwilligen Verfügung Bedachten (Erbvertrag oder gemeinschaftliches Testament) ein Anwartschaftsrecht zuspricht. Richtigerweise steht dem bindend Bedachten lediglich eine tatsächliche Erwerbsaussicht zu.[58] Selbst wenn man der Ansicht zuneigt, dass der Bedachte eine Anwartschaft innehat, besteht doch Einigkeit, dass diese Rechtsposition vor Eintritt des Erbfalls weder übertragbar noch etwa durch einstweilige Verfügung sicherbar ist. Der tatsächlichen Erwerbsaussicht oder auch dem Anwartschaftsrecht kommt damit kein wirtschaftlicher Wert zu. Nach allen Ansichten fehlt es folglich an einer ausreichend gesicherten Rechtsposition, die der Leistungsempfänger i.S.d. § 31 Abs. 4 S. 1 Nr. 1 SGB II bzw. § 26 Abs. 1 Nr. 1 SGB XII vermindern könnte.

Die vorstehenden Überlegungen sind auf die Frage eines etwaigen Kostenersatzanspruchs nach § 34 Abs. 1 SGB II bzw. § 103 Abs. 1 SGB XII zu übertragen. Nach diesen Vorschriften ist zum Ersatz geleisteter Zahlungen verpflichtet, wer die Voraussetzungen für seine Hilfsbedürftigkeit grob fahrlässig herbeigeführt hat (»sozialwidriges Verhalten«[59]). Da der Verzicht auf eine testamentarische Zuwendung lediglich eine potentielle Aussicht betrifft, kann von einem »sozialwidrigen Verhalten« nicht die Rede sein.

Lösung Ausgangsfall:

Nach hier vertretener Ansicht kann der Zuwendungsverzicht wirksam erklärt werden, ohne dass dies zu einer Kürzung nach § 31 Abs. 4 S. 1 Nr. 1 SGB II bzw. zu einem Kostenersatz nach § 34 Abs. 1 SGB II führen würde.

Alternativ wäre der Abschluss eines **Erbschaftsvertrags** nach § 311b Abs. 5 BGB zu prüfen, in dem sich der Sohn der Erblasserin gegenüber deren Enkel verpflichtet, nach Ableben der Erblasserin die Erbschaft auszuschlagen. Soweit ersichtlich haben sich weder Literatur noch Rechtsprechung mit dieser Frage bislang beschäftigt. Im Ergebnis wird ein Zuwendungsverzichtsvertrag die vorzugswürdige Vertragsgestaltung darstellen. Ein Vertrag nach § 311b Abs. 5 BGB hat lediglich

57 So zum Erbverzicht *Lambrecht*, Der Zugriff des Sozialhilfeträgers auf den erbrechtlichen Erwerb, 2001, S. 172 Fn. 791.

58 Palandt-*Edenhofer* § 1922 Rn. 3.

59 BVerwG 67, 163.

schuldrechtliche Wirkung.[60] Die Grundsätze zum Erb- bzw. Zuwendungsverzichtsvertrag, die sofortige dingliche Wirkung zeitigen, sind danach nicht übertragbar. Mit Abschluss des Erbschaftsvertrags hat sich die erbrechtliche Lage also noch nicht geändert. Das Vollzugsgeschäft, hier etwa die Ausschlagung der Erbschaft, muss nach dem Erbfall durchgeführt werden. Der Erbschaftsvertrag selber wird also den Anforderungen des § 138 BGB standhalten. Allerdings droht dem dinglichen Vollzugsgeschäft das Verdikt der Sittenwidrigkeit, wenn es etwa in einer kompensationslosen Ausschlagung besteht.

VI. Erbausschlagung durch einen ALG II-Empfänger

Sofern ein Hilfeempfänger aufgrund einer Erbschaft oder eines Vermächtnisses zu Vermögen gelangt, stellt sich die Frage, ob der Hilfeempfänger die Erbschaft bzw. das Vermächtnis ausschlagen kann, um weiterhin sozialstaatliche Leistungen zu erhalten. Diese Frage ist umstritten. Da es sich bei der Ausschlagung um ein Gestaltungsrecht und nicht um einen Anspruch handelt, geht die Entscheidung über die Ausschlagung nicht gemäß § 33 Abs. 1 SGB II auf den Sozialhilfeträger über (siehe auch § 93 Abs. 1 SGB XII). Die Ausschlagung muss der Hilfeempfänger demnach selbst vornehmen.

Die überwiegende Literatur und das LG Aachen vertreten die Ansicht, dass die Ausschlagung nicht sittenwidrig sei.[61] Die Entscheidung über die Annahme oder Ausschlagung einer Erbschaft oder eines Vermächtnisses sei ein höchstpersönliches Recht. Der Erbe müsse daher frei entscheiden können, ob er die Erbschaft annimmt oder ausschlägt. Im Übrigen widerspreche die Annahme der Sittenwidrigkeit auch der Stellung eines Schuldners im Pfändungs- und Insolvenzfall. Die Ausschlagung stellt gemäß § 517 Var. 3 BGB keine Schenkung dar. Eine Anfechtung nach §§ 129 ff. InsO bzw. §§ 1 ff. AnfG scheidet daher aus. Gemäß § 83 Abs. 1 S. 1 InsO verbleibt die Entscheidung über die Annahme oder Ausschlagung der Erbschaft im Rahmen einer Insolvenz allein beim Insolvenzschuldner. Das Ausschlagungsrecht wird damit nicht Bestandteil der Insolvenzmasse, unabhängig davon, ob der Sterbefall vor oder nach Eröffnung des Insolvenzverfahrens stattfindet. Dies gilt auch im Verbraucherinsolvenzverfahren[62] sowie im Restschuldbefreiungsverfahren, in dem allein der Schuldner zur Entscheidung über die Ausschlagung berufen ist. Eine Ausschlagung führt schließlich nach einer aktuellen Entscheidung des BGH nicht zu ei-

60 *Palandt/Grüneberg* § 311b Rn. 75.

61 LG Aachen NJW-RR 2005, 307; *MüKo-Leipold*, 4. Aufl. 2004, § 1945, Rn. 2; *Mayer* ZEV 2002, 369; jurisPK-BGB/*Wildemann*, 4. Aufl. 2009, § 1945 Rn. 2.

62 *Ivo* ZErb 2003, 252 f., LG Mainz ZInsO 2003, 525.

nem Obliegenheitsverstoß in der Wohlverhaltensphase, § 296 InsO.[63] Schließlich sei auch die Rechtsprechung zum Unterhalts- und Pflichtteilsverzicht nicht übertragbar, da es sich bei einer angefallenen Erbschaft nicht um Unterhalt bzw. Unterhaltsersatz (wenn man den Pflichtteilsanspruch so betrachten möchte) handele.[64] Das entscheidende Argument liegt meines Erachtens aber darin, dass es keinen Zwang zur Annahme einer Erbschaft geben darf. Anders als ein Pflichtteilsanspruch oder ein Unterhaltsanspruch führt die Annahme einer Erbschaft nicht nur zum Anfall von Aktivposten, sondern auch von Passiva. Ist aber die Ausschlagung sozialhilferechtlich versagt, führt die zu einem faktischen Annahmezwang und damit zu einer gezwungenen Übernahme von Verbindlichkeiten. Auch wenn die Erbschaft wirtschaftlich positiv ist, kann ein Erbe gute Gründe haben, die Erbschaft auszuschlagen (z.B. weil er eine testamentarisch auferlegte Pflegeverpflichtung nicht übernehmen möchte). Hier zwischen anerkennenswerten und nicht anerkennenswerten Motiven der Ausschlagung zu unterscheiden, ist nicht praxistauglich.[65]

Die überwiegende Rechtsprechung hingegen betrachtet die Ausschlagung einer Erbschaft als sittenwidrig.[66] Die Entscheidungen stellen darauf ab, dass der Hilfeempfänger auf eine bereits bestehende Einkommensquelle verzichte und die Ausschlagung daher gegen den Nachranggrundsatz verstoße. Die in diesen Fällen begehrte (damals) vormundschaftsgerichtliche Genehmigung wurde daher nicht erteilt.[67] Die Tatsache, dass das Ausschlagungsrecht ein höchstpersönliches Recht sei, spreche nicht zwangsläufig gegen die Annahme der Sittenwidrigkeit. Auch die Ausübung eines höchstpersönlichen Rechts unterliege grds. dem Prüfungsmaßstab des § 138 BGB. Im Übrigen sei bei der Erbausschlagung, anders als bei anderen höchstpersönlichen Rechtsgeschäften (z.B. Eheschließung), eine Vertretung möglich (vgl. § 1822 Nr. 2 BGB). Der Grundsatz der Höchstpersönlichkeit sei demnach ohnehin eingeschränkt.[68] Des Weiteren hinke auch der Vergleich zum Insolvenzrecht. Danach muss der Schuldner bei der Entscheidung über die Ausschlagung keine Rücksicht auf die Interessen seiner Gläubiger nehmen. Insolvenzrecht und Sozialhilferecht unterschieden sich an dieser Stelle jedoch in ihrer jeweiligen Grundstruktur. Das Insolvenzrecht sei dadurch gekennzeichnet, dass Gläubiger Forderungen gegen den Insolvenzschuldner haben. Im Sozialhilferecht habe der Leistungsträger hingegen im Regelfall keinen Geldanspruch gegen den Leistungsempfänger (Ausnahme z.B. §§ 23, 35 SGB II, 91, 102 SGB XII). Hier gehe es lediglich um die Frage, in-

63 BGH MittBayNot 2010, 52 mit Anm. *Menzel*.

64 *Krauß*, Überlassungsverträge in der Praxis, 2. Aufl. 2009, Rn. 815.

65 *Ivo* FamRZ 2003, 6, 8.

66 OLG Stuttgart NJW 2001, 3484; OLG Hamm v. 16. 07. 2009 - I-15 Wx 85/09, ZEV 2009, 471 f.; zustimmend auch *Palandt/Ellenberger* § 138 Rn. 45a.

67 Die Annahme einer Erbschaft bzw. das Verstreichenlassen der Ausschlagungsfrist bedarf keiner betreuungsgerichtlichen Genehmigung, OLG Köln ZErb 2008, 119.

68 OLG Hamm ZEV 2009, 471, 472.

wieweit der Leistungsempfänger seine Bedürftigkeit beseitigen muss. Schließlich könnten die Grundsätze zum Behindertentestament nicht auf die Situation der Ausschlagung übertragen werden. Adressat des Prinzips der sozialhilferechtlichen Nachrangigkeit sei der Leistungsempfänger. Dritten könne keine Verpflichtung auferlegt werden, die Bedürftigkeit des Sozialhilfeempfängers zu beseitigen, um damit dem Nachranggrundsatz Geltung zu verschaffen. Dies habe der BGH mit seiner Entscheidung zur Sittengemäßheit von Wegzugsklauseln erst aktuell festgestellt.[69] Nicht zuletzt aus diesem Grund sei ein Behindertentestament nicht sittenwidrig. Der Nachranggrundsatz könne gar nicht verletzt sein, ist doch der Erblasser gar nicht tauglicher Empfänger dieses Gebots. Anders sei dies hingegen in der Situation der Erbausschlagung: Hier verletzte der Leistungsempfänger selbst das Nachrangprinzip.

Im Ergebnis sprechen die besseren Argumente gegen die Annahme der Sittenwidrigkeit der Ausschlagung einer Erbschaft.[70] Angesichts aktueller Entscheidungen muss man allerdings zur Kenntnis nehmen, dass sich die Waagschale derzeit in Richtung Sittenwidrigkeit der Ausschlagung bewegt. Ein Pauschalurteil verbietet sich daher, vielmehr gilt es, den jeweiligen Einzelfall genau zu analysieren. Danach kann eine Ausschlagung durchaus sittenwidrig sein, wenn ein Leistungsempfänger eine werthaltige Erbschaft kompensationslos ausschlägt. Dem aktuell vom OLG Hamm entschiedenen Fall[71] lag ein solcher Sachverhalt allerdings nicht zugrunde. Hier war der Betroffene zwar behindert, konnte aber mit dem in der Werkstatt erzielten Einkommen einen Teil der Sozialhilfekosten decken. Darüber hinaus waren als Gegenleistung für die Ausschlagung Leistungen für den Behinderten vorgesehen, die denen im Katalog eines klassischen Behindertentestaments ähnlich waren. Im Ergebnis wurde also ein Zustand hergestellt, den der Erblasser durch Abfassung eines Behindertentestaments nicht sittenwidrig hätte erreichen können. Schließlich war der Erbteil klein, so dass die Entlastungswirkung für den Sozialhilfeträger relativ gering war.

Die Sittengemäßheit der Ausschlagung vorausgesetzt, kann die Ausschlagung der Erbschaft dazu führen, dass der Sozialhilfeträger gemäß § 31 Abs. 4 S. 1 Nr. 1 SGB II (bzw. § 26 Abs. 1 S. 1 Nr. 1 SGB XII) den Regelsatz kürzt. Die erforderliche Vermögensminderungsabsicht muss allerdings dann abgelehnt werden, wenn der Bedürftige für die Ausschlagung erkennbare Vorteile erhält.[72] Werden als »Gegenleistung« für die Ausschlagung Versorgungsleistungen zugewendet, die die gesetzlichen Ansprüche des Ausschlagenden nach SGB II bzw. SGB XII ergänzen, steht der

69 BGH ZEV 2009, 254 m. Anm. *Litzenburger*; s.a. *Leipold* ZEV 2009, 472 f.

70 Dies gilt entsprechend für den „Verzicht" auf ein Nacherbenanwartschaftsrecht, sei es durch Ausschlagung oder Übertragung des Nacherbenanwartschaftsrechts, vgl. im Ergebnis auch *Niewerth-Baumann*, Die Einschränkung der Dispositionsfreiheit des sozialhilfebedürftigen Erben aufgrund des sozialhilferechtlichen Nachrangprinzips, 1998, S. 104 ff.

71 OLG Hamm ZEV 2009, 471 f.

72 *Krauß*, Überlassungsverträge in der Praxis, 2. Aufl., Rn. 102.

Hilfebedürftige durch die Ausschlagung im Ergebnis besser. Eine Vermögensminderungsabsicht ist demnach abzulehnen. Auch im Übrigen kann es anerkennenswerte Motive für die kompensationslose Ausschlagung einer Erbschaft geben (z.B. weil der Erbe vermächtnisweise auferlegte Verpflichtungen nicht erfüllen möchte oder die Nachlassabwicklung sehr kompliziert ist). Die etwaige Vermögensminderungsabsicht muss also in jedem Einzelfall geprüft und nachgewiesen werden. Da obergerichtliche Entscheidungen derzeit noch ausstehen, herrscht hier große Rechtsunsicherheit.

Im Raum stehen weiter Ersatzansprüche nach § 34 SGB II (s.a. § 103 SGB XII). Danach ist zum Kostenersatz verpflichtet, wer die Voraussetzungen der Sozialhilfe zumindest grob fahrlässig herbeiführt. Anders als in § 31 Abs. 4 S. 1 Nr. 1 SGB II (§ 26 Abs. 1 Nr. 1 SGB XII) bedarf es keiner Vermögensminderungsabsicht, es genügt vielmehr grobe Fahrlässigkeit (»sozialwidriges Verhalten«). Rechtsprechung und Literatur zu der Frage, ob eine Erbausschlagung als ein solch »sozialwidriges Verhalten« gewertet werden kann, liegt – soweit ersichtlich – nicht vor. Sofern der Leistungsempfänger aber erkennbare Vorteile erhält, er also im Ergebnis nach Ausschlagung besser steht als ohne, fehlt es naturgemäß an einer grob fahrlässig verursachten Bedürftigkeit. Anders mag man dies beurteilen, wenn die Ausschlagung kompensationslos erfolgt.

VII. Annahme der Erbschaft

Der Sozialhilfeträger könnte den Erben bzw. Vermächtnisnehmer bzw. gesetzlichen Vertreter (Betreuer) bei Vorliegen eines klassischen Behinderten- bzw. Bedürftigentestaments auffordern, im Wege der Selbsthilfe die Ausschlagung zu erklären, § 2306 Abs. 1 BGB, (bzw. bei bereits erfolgter Annahme diese anzufechten[73]), um seinen Lebensunterhalt aus den Pflichtteilsansprüchen zu bestreiten. Lehnt der Leistungsempfänger die Ausschlagung ab, könnte dies als absichtliche Vermögensminderung i.S.d. §§ 31 Abs. 4 S. 1 Nr. 1 SGB II (§ 26 SGB XII) ausgelegt werden mit der Folge einer Leistungskürzung. Noch weitergehend hatte das SG Mannheim sogar bereits die Annahme einer Erbschaft (wegen Testamentsvollstreckung und Nacherbenbeschränkung faktisch unverwertbar) als sittenwidrig erachtet.[74] Beim Behinderten- und Bedürftigentestament in seiner klassischen Gestalt (Vor- und Nacherbschaft, Testamentsvollstreckung) wird sich die Aufforderung zur Selbsthilfe angesichts der kurzen Ausschlagungsfrist, § 1944 BGB, regelmäßig durch Zeitablauf selbst erledigt haben. Anders ist dies hingegen bei der Vermächt-

73 OLG Hamm MittBayNot 2004, 456.

74 SG Mannheim v. 20. 12. 2006 – S 12 AS 526/06; wie eine durch Fristablauf angenommene Erbschaft zu behandeln ist, war dabei noch offen.

nislösung, da hier nur nach Fristsetzung eine Ausschlagungsfrist in Gang gesetzt wird, § 2307 Abs. 2 BGB. Die erforderliche Vermögensminderungsabsicht muss allerdings dann abgelehnt werden, wenn der Bedürftige durch die Annahme der Erbschaft erkennbar Vorteile erhält, indem die angenommene Erbschaft in Teilbereichen die staatlichen Sozialhilfeleistungen durch qualitativ bessere oder zusätzliche Leistungen ergänzt. Darüber hinaus würde der Sozialleistungsträger durch eine Leistungskürzung einen erheblichen Ausschlagungsdruck erzeugen und damit faktisch das Ausschlagungsrecht quasi durch die Hintertür auf sich überleiten. Eine Überleitung des Ausschlagungsrechts (Gestaltungsrecht, kein Anspruch) durch den Sozialhilfeträger ist aber nach derzeit ganz hM nicht möglich.[75] Im Übrigen dürfte eine Leistungskürzung gegen die verfassungsmäßige Garantie des Erbrechts verstoßen, da niemand gezwungen werden kann, ein erworbenes Recht aufzugeben, um dem Sozialhilfeträger den Zugriff auf den Pflichtteil zu ermöglichen.[76]

Steht der Hilfeempfänger schließlich unter Betreuung wird die Ausschlagung ohnehin nicht genehmigungsfähig sein.[77]

VIII. Aktuelles zum Bedürftigentestament

1. Erbschaft als Einkommen oder Vermögen?

Ausgangsfall:
Eltern haben ein Kind, das dauerhaft auf ALG II angewiesen ist. Das Kind wohnt in einer angemessen großen Wohnung der Eltern. Die Eltern wollen ihrem Kind diese Wohnung vermächtnisweise zukommen lassen. Der Wert dieser Wohnung übersteigt den Pflichtteil des bedürftigen Kindes bei Weitem.

Eine auf den ersten Blick einfache Lösung, die komplizierte Konstruktion eines Bedürftigentestaments zu vermeiden, wäre, dem Bedürftigen (vermächtnisweise) einen Vermögensgegenstand zukommen zu lassen, der Schonvermögen i.S.d. sozialhilferechtlichen Vorschriften darstellt. In Betracht kommt dabei insbesondere ein angemessen großes Hausgrundstück, §§ 12 Abs. 3 Nr. 4 SGB II, 90 Abs. 2 Nr. 8 SGB XII. Dies setzt allerdings voraus, dass eine Erbschaft tatsächlich als Vermögen behandelt wird und nicht etwa als Einkommen. Zu berücksichtigen ist nämlich, dass es ein »Schoneinkommen« nicht gibt. Gemäß § 11 Abs. 2 SGB II etwa werden lediglich bestimmte Beträge vom Einkommen abgesetzt; gemäß § 11 Abs. 3 SGB II

75 Vgl. nur OLG Stuttgart ZEV 2002, 367; OLG Frankfurt a. M. ZEV 2004, 24; Joussen, ZErb 2003, 134, 138 ff.; J. Mayer, ZErb 2000, 16; *Bengel*, ZEV 1994, 29, 30.

76 OVG Bautzen NJW 1997, 2898.

77 OLG Köln ZEV 2008, 196.

werden bestimmte Zuwendungen nicht berücksichtigt. Würde also der Erwerb eines dem Grunde nach angemessenen Hausgrundstücks sozialhilferechtlich als Einkommen qualifiziert werden, müsste dieses mangels Schoncharakters verwertet werden.

Ob der Erwerb von Vermögensgegenständen mittels einer Erbschaft (bzw. Vermächtnis) sozialhilferechtlich als Vermögen oder Einkommen einzuordnen ist, ist umstritten. Nach Auffassung des BSG[78] ist Einkommen grds. alles, was in der Bedarfszeit zufließt, Vermögen hingegen, was zu Beginn der Bedarfszeit bereits vorhanden ist (sog. »modifizierte Zuflusstheorie«).[79] Ob nun aber eine Erbschaft generell als Einkommen zu qualifizieren ist, hatte das BSG nicht entschieden. Die Mehrzahl der Instanzgerichte geht davon aus, dass eine Erbschaft als Einkommen zu behandeln ist.[80] Einkommen wird grds. in dem Monat berücksichtigt, in dem es dem Leistungsempfänger zufließt. Die Rechtsprechung geht allerdings davon aus, dass das Einkommen in Form einer Erbschaft auf einen angemessenen Zeitraum aufgeteilt und monatlich mit einem entsprechenden Betrag angesetzt wird (vgl. auch § 2 Abs. 2 ALG II-VO).[81] Teilweise wird auch zwischen Barvermögen (Einkommen) und Grundvermögen (Vermögen) differenziert.[82] Das SG Aachen stuft eine Erbschaft immer als sozialhilferechtliches Vermögen ein.[83] Die Literatur bietet ein uneinheitliches Bild.[84] Die Verwaltungspraxis berücksichtigt Erbschaften erst dann als Einkommen, wenn sie verwertet werden.

Meines Erachtens muss eine Erbschaft immer als Vermögen eingestuft werden. Eine Differenzierung zwischen vererbten Barvermögen und Grundvermögen würde Barmittel gegenüber Sachmitteln benachteiligen und wäre daher verfassungsrechtlich, Art. 3 GG, bedenklich. Einkommen sind nach allgemeinem Sprachverständnis Werte, die sofort liquide sind und für den laufenden Unterhalt verwendet werden können. Diese Eigenschaft kommt Sachvermögen, insbesondere Grundvermögen, offensichtlich nicht zu (allenfalls etwaige Renditen wären sofort verwertbar). Da aber ererbtes Bar- und Sachvermögen gleich behandelt werden muss und Sachvermögen nicht als Einkommen qualifiziert werden kann, müssen Erbschaften insgesamt als Vermögen im sozialhilferechtlichen Sinne qualifiziert werden. Im Übrigen führt es zu untragbaren Ergebnissen, wenn der Erbe eines Hausgrundstücks dieses als Einkommen verwerten muss. Realistischerweise wird nämlich der Leistungs-

78 BSG SGB 2008, 531; BSG NJW 2009, 2155; BSG, Az.: B4 AS 57/07 R SozR 4-4200 § 11 Nr. 16.

79 Vgl. *Brühl* in LPK-SGB II, 3. Aufl. 2009, § 11 SGB II Rn. 4, 5.

80 LSG NRW v. 23. 03. 2006 - L 20 B 72/06 AS, FEVS 58, 332; LSG Niedersachsen-Bremen NZS 2009, 114; grds. auch LSG Baden-Württemberg NZS 2007, 606.

81 LSG Baden-Württemberg NZS 2007, 606.

82 LSG Baden-Württemberg NZS 2007, 606.

83 SG Aachen ZEV 2008, 150.

84 Vgl. *Brühl* in LPK-SGB II, 3. Aufl. 2009, § 11 SGB II Rn. 16; *Eicher/Spellbrink*, 2. Aufl. 2008, § 11 SGB II Rn. 28.

empfänger den Grundbesitz nicht zeitnah verwerten können, bekommt aber für diese Zeit keine Leistungen nach SGB II, regelmäßig nicht einmal darlehensweise.[85]
Lösung Ausgangsfall:
Da die überwiegende Rechtsprechung davon ausgeht, dass ererbtes Vermögen Einkommen darstellt, müsste die angemessen große Wohnung grds. verwertet werden. Dieses »Einkommen« würde dann auf einen angemessenen Zeitraum verteilt werden. Nach Ablauf dieses Zeitraums würde Sozialhilfe dann allerdings wieder gewährt werden. Im Ergebnis führt also auch die Einstufung einer Erbschaft als Einkommen lediglich zu einem befristeten Aussetzen der Sozialhilfe.

2. Sittenwidrigkeit des Bedürftigentestaments

Das SG Dortmund hat unlängst obiter dictum angemerkt, dass das Bedürftigentestament sittenwidrig sei.[86] Dies hat zu einiger Unruhe in der Literatur geführt.[87] Grund genug, die Frage der etwaigen Sittenwidrigkeit des Bedürftigentestaments aktuell zu beleuchten und insbesondere zu prüfen, inwieweit die Grundsätze zum Behindertentestament auf das Bedürftigentestament übertragen werden können.

Nach der Rechtsprechung des BGH ist das Behindertentestament nicht sittenwidrig.[88] Das gilt sowohl gegenüber der Allgemeinheit als auch gegenüber dem Behinderten. Dem **Behinderten gegenüber** ist die Abfassung eines (klassischen) Behindertentestaments von der Testierfreiheit gedeckt. Im Übrigen soll das Behindertentestament den Behinderten nicht benachteiligen, sondern im Gegenteil ihm zugute kommen. Diese Erwägungen greifen gleichermaßen bei einem Bedürftigentestament. Auch dieses ist also gegenüber dem Bedürftigen nicht sittenwidrig.

Mit Blick auf die **Allgemeinheit** muss zwischen der Testierfreiheit und dem sozialhilferechtlichen Nachrangprinzip abgewogen werden. Der BGH stellt im Rahmen dieser Abwägung im Wesentlichen darauf ab, dass das vom Erblasser verfolgte Ziel nicht die Umkehrung des sozialrechtlichen Nachrangprinzips sei, sondern das verfassungsrechtlich (Testierfreiheit) anzuerkennende Motiv, den Behinderten besserzustellen. Mit der Abfassung eines Behindertentestaments kämen Eltern damit in erster Linie ihrem Fürsorgebedürfnis gegenüber ihrem behinderten Kind nach. Der Schutz des Vermögens vor dem Zugriff des Sozialhilfeträgers sei hierbei lediglich

85 SG Aachen ZEV 2008, 150.

86 SG Dortmund ZEV 2010, 54 f. m. Anm. *Keim*; die Entscheidung erging im einstweiligen Rechtsschutz und ist daher nur sehr knapp begründet. Nach der Entscheidung des SG Mannheim vom 20. 12. 2006 – S 12 AS 536/06 ist dies allerdings bereits die zweite Entscheidung eines Sozialgerichts, das die Sittengemäßheit des Bedürftigentestaments in Frage stellt.

87 Vgl. etwa *Tersteegen*, MittBayNot 2010, S. 105 ff.

88 BGH MittBayNot 1990, 245; BGH ZEV 1994, 35.

ein »Reflex«.[89] Die Grenze der Testierfreiheit liege im Pflichtteilsrecht.[90] Der BGH stellt Eltern behinderter Kinder sogar direkt die Frage, ob sie nicht sittlich verpflichtet seien, »*auch für den Fall vorzusorgen, dass die öffentliche Hand ihre Leistungen für Behinderte nicht mehr auf dem heute erreichten hohen Stand halten kann*«.[91] Ein zweites Motiv für die Abfassung eines Behindertentestaments sieht der BGH in der Motivation, die Nachlasssubstanz für die nächste Generation aufrecht zu erhalten. Auch diese Motivation sei anerkennenswert und spreche gegen die Annahme einer Schädigungsabsicht i.S.d. § 138 BGB gegenüber dem Sozialleistungsträger. Beim Behindertentestament ist zuletzt zu bedenken, dass das sozialhilferechtliche Nachrangprinzip bei Hilfe in besonderen Lebenslagen (etwa Hilfe zur Pflege, Eingliederungshilfe) abgeschwächt ist. So sind Einkommen und Vermögen in weiterem Maße geschont als in anderen Fällen der Hilfebedürftigkeit (vgl. §§ 85, 87, 90 Abs. 3 S. 2 SGB XII); auch die Unterhaltspflicht von Eltern volljähriger behinderter Kinder ist erheblich eingeschränkt (vgl. § 94 Abs. 2 SGB XII).

Das vorbeschriebene Motiv »**Fürsorgebedürfnis**« greift beim Bedürftigentestament gleichermaßen. Auch hier machen sich die Eltern Sorgen um ihr Kind und wollen ihr Kind besser stellen als es bei normalem Lauf der Dinge stände. Dass das primäre Ziel in der Benachteiligung des Sozialhilfeträgers besteht, lässt sich aus der Beratungspraxis keineswegs bestätigen. Hiergegen könnte eingewandt werden, dass die Intensität des Fürsorgebedürfnisses von Eltern behinderter Kinder höher ist als von Eltern lediglich bedürftiger Kinder. Haben Eltern ein behindertes Kind, wird die Hilfebedürftigkeit dieses Kindes i.d.R. ein Leben lang feststehen. Haben Eltern ein arbeitsloses Kind, so besteht zumindest theoretisch jederzeit die Möglichkeit, dass die Hilfebedürftigkeit dieses Kindes endet. Objektiv scheint also bei behinderten Kindern ein erhöhtes Fürsorgebedürfnis der Eltern zu bestehen. Dies entspricht allerdings in vielen Fällen nicht der faktisch-wirtschaftlichen Realität. Im Übrigen ist die subjektive Zwangslage, in der sich Eltern beim Abfassen eines Behinderten- und eines Bedürftigentestaments befinden, sehr ähnlich. Auch die Eltern eines bedürftigen Kindes werden davon ausgehen, dass die Hilfsbedürftigkeit ihres Kindes auf lange Zeit zementiert ist. Andernfalls würden sie sich kaum an einen Rechtsberater mit der Bitte um Abfassung eines Bedürftigentestaments wenden. Würden die Eltern davon ausgehen, dass die Hilfebedürftigkeit ihres Kindes in Bälde wieder endet, würden sie sich gedanklich nicht mit einem Bedürftigentestament befassen. Die Erfahrung aus der notariellen Praxis bestätigt, dass Eltern, die ein Bedürftigentestament abfassen wollen, von der dauerhaften Hilfebedürftigkeit ihrer Kinder ausgehen. Der einzige Unterschied zu der Situation, in der sich Eltern eines behinderten Kindes befinden, liegt darin, dass die Hilfebedürftigkeit behinderter Kinder i.d.R.

89 So *Bengel/Spall* ZEV 2010, 195, 196.
90 *Keim* ZEV 2010, 56.
91 BGH DNotZ 1992, 244.

objektiv feststeht, bei im Übrigen bedürftigen Kindern hingegen nicht. Die subjektive Komponente, die § 138 BGB verlangt, fehlt hingegen in beiden Fällen. Im Ergebnis besteht daher allenfalls ein gradueller Unterschied in der Intensität der Zwangslage, in der sich Eltern von bedürftigen und behinderten Kindern beim Abfassen ihres Testaments befinden. Dieser lediglich graduelle Unterschied rechtfertigt aber nicht eine unterschiedliche Beantwortung der Frage der Sittenwidrigkeit.

Auch das zweite vom BGH legitimierte Ziel, das Familienvermögen für die nächste Generation zu konservieren, findet sich beim Bedürftigentestament in gleicher Form. Dagegen wird eingewandt, dass nur beim Behindertentestament innerhalb kurzer Zeit der völlige Verbrauch des Familienvermögens drohe, wohingegen in Bedürftigenfällen selbst bei mittleren Nachlässen der Bedürftige aus der Nachlasssubstanz über viele Jahre seinen Lebensunterhalt bestreiten könne.[92] Das Ziel, die Nachlasssubstanz für die nächste Generation bewahren zu wollen, greife also beim Bedürftigentestament deutlich weniger, insbesondere wenn die Erträge des Nachlasses ausreichen würden, um die Bedürftigkeit des Leistungsempfängers zu mindern oder gar aufzuheben. In der Tat droht bei schwerstbehinderten, pflegebedürftigen Kindern ein deutlich schnelleres Aufbrauchen des Erbes als bei Kindern, die nur hilfebedürftig sind. Gleichwohl sind freilich nicht alle behinderten Kinder kostenintensiv pflegebedürftig, so dass diese Aussage in ihrer Pauschalität so nicht bestehen kann. Im Gegenteil: Die Erhaltung der Substanz des Familienvermögens ist gerade auch in Bedürftigenfällen ein vom Gesetzgeber ausdrücklich legitimiertes Ziel. In § 2338 BGB gibt der Gesetzgeber vor, wie der Erblasser Gläubiger eines überschuldeten Abkömmlings von seinem Nachlass abschirmt. Noch weitergehend als in der klassischen Konstruktion des Behinderten-/Bedürftigentestaments ist dem so eingesetzten Erben sogar das Ausschlagungsrecht nach § 2306 Abs. 1 BGB genommen. Fürsorgerische Maßnahmen des Erblassers zum Erhalt des hinterlassenen Vermögens sind also ausdrücklich erlaubt.

Gegen die Sittenwidrigkeit des Bedürftigentestaments spricht weiter die neue Entscheidung des BGH zur Sittenwidrigkeit von **Wegzugsklauseln**.[93] Danach sind Klauseln, wonach vereinbarte Versorgungsleistungen nur so lange zu erbringen sind, wie sie vom Verpflichteten im übernommenen Haus erbracht werden können, nicht ohne weiteres sittenwidrig. *Litzenburger* schloss daraus, dass der Übergeber bei einer Schenkung keine Rücksicht auf eine später bei ihm eintretende Hilfsbedürftigkeit nehmen müsse.[94] Wenn aber schon der Schenker keine Rücksicht auf seine eigene Hilfsbedürftigkeit nehmen muss, dann gelte dies doch erst Recht für den Erblasser hinsichtlich der Hilfsbedürftigkeit seines Erben: »*Wer schon nicht für den Fall der eigenen Hilfsbedürftigkeit vorsorgen muss, braucht dies erst recht nicht für*

92 SG Mannheim vom 20. 12. 2006 – S 12 AS 536/06 - uv.

93 BGH ZEV 2009, 254 m. Anm. *Litzenburger*.

94 *Litzenburger* ZEV 2009, 256.

andere zu tun.« Dieser Erst-Recht Schluss hinkt freilich ein wenig: Der Schenker muss bei einer Schenkung nur deswegen eine später eintretende eigene Hilfebedürftigkeit nicht berücksichtigen, weil der Gesetzgeber diesen Fall in § 528 BGB ausdrücklich geregelt hat. Im Übrigen, also außerhalb der Reichweite des § 528 BGB, ist das Sittenwidrigkeitsverdikt des BGH auch bei lebzeitigen Schenkungen nicht ausgeschlossen.[95] Dies kann der Fall sein, wenn die Vertragsschließenden durch die Weggabe von Vermögen bewusst den Sozialhilfeträger belasten wollen (z.B. erfolgt die Schenkung in Kenntnis der bestehenden oder bevorstehenden Pflegebedürftigkeit, i.e. Hilfebedürftigkeit, des Übergebers).[96] Entsprechendes kann grds. auch für testamentarische Gestaltungen gelten, wenn eine vergleichbare Motivlage besteht.

Gegen die Sittenwidrigkeit des Bedürftigentestaments spricht nicht zuletzt, dass die **Unterscheidung zwischen Behinderten- und Bedürftigentestament** in vielen Fällen fließend ist. Wie sind etwa die Fälle zu behandeln, in denen das betroffene Kind geschäftsfähig ist, aber hochgradig lernbehindert und damit langfristig auf Sozialhilfe angewiesen? Das OLG Köln[97] stufte einen solchen Sachverhalt ohne Umschweife als Behindertentestament ein. *Litzenburger* stellt darauf ab, dass die Tochter geschäftsfähig war und hält daher die Regelungen zum Bedürftigentestament für anwendbar.[98] Für *v. Proff* wiederum ist dieser Sachverhalt als Behindertentestament zu qualifizieren.[99] Wie steht es mit anderen typischen Zivilisationskrankheiten wie etwa Depression, Borderline-Syndrom, Stress? In welche Kategorie sind körperlich behinderte Menschen einzuordnen? Ab welchem Grad der körperlichen Behinderung hört das Bedürftigentestament auf, wann beginnt das Behindertentestament? Die Tatsache, ob der Leistungsempfänger geschäftsunfähig ist oder nicht, ist meines Erachtens kein taugliches Unterscheidungskriterium. Das Gleiche gilt für die Frage, welche Form von Sozialhilfe der Leistungsempfänger kassiert, Eingliederungshilfe bzw. Hilfe zur Pflege oder Hilfe nach dem SGB II. Entscheidend muss vielmehr sein, dass der Leistungsempfänger langfristig Sozialhilfe bekommt.[100] Welche Ursache die die Bedürftigkeit auslösende Not hat, kann keine Rolle spielen. Angesichts dieser fließenden Grenzen sollte daher richtigerweise die Kategorisierung in Behinderten- bzw. Bedürftigentestament aufgegeben und nur noch von einem Hilfsbedürftigentestament gesprochen werden. Dies zeichnet sich dadurch aus, dass der Testierende subjektiv davon ausgeht, dass einer seiner präsumptiven Erben dauerhaft auf staatliche Leistungen angewiesen sein wird.

95 BGH ZEV 2009, 254, 255.
96 *Litzenburger* ZEV 2009, 256.
97 Fall des OLG Köln ZEV 2010, 85.
98 *Litzenburger*, FD-ErbR 2010, 297734.
99 *v. Proff* ZErb 2010, 206 ff. Fn. 37.
100 So auch *v. Proff* ZErb 2010, 206 ff. Fn. 37.

Problematisch ist meines Erachtens lediglich, inwieweit auch die **Erträge** aus der Erbschaft eingeschränkt werden können.[101] Überwiegend wird vertreten, dass der Zugriff des Sozialleistungsempfängers auf den Ertrag zwar durch die Anordnung der Verwaltungsvollstreckung eingeschränkt, nicht aber vollständig ausgeschlossen werden kann (keine komplette Thesaurierung der Nachlasserträge), §§ 2216 Abs. 2 S. 1, 2220 BGB. Eine Beschränkung der Auskehrung der Erträge auf Naturalleistungen ist jedoch zulässig.[102] Zu weit wird es aber gehen, wenn der Anspruch auf Erträge gezielt dahingehend beschränkt wird, dass nur solche Erträge ausgekehrt werden können, die nicht auf Sozialleistungen anrechenbar sind (»*Die Nachlasserträge dürfen nicht für ... Sozialhilfeaufwendungen meines Sohnes verwendet werden*«[103]). Dies stellt eine allzu offensichtliche Umkehr des sozialhilferechtlichen Nachranggrundsatzes dar.[104] Das SG Dortmund nimmt hier zu Recht an, dass dem Erben »*die Annehmlichkeiten aus dem Nachlass finanziert*« werden, während der Steuerzahler für den Lebensunterhalt aufkommen muss.[105] Für den überschuldeten Erben sieht im Übrigen auch § 2338 BGB keinen besonderen Schutz der Erträgnisse vor. Bei der Ausgestaltung der Testamentsvollstreckung sollte also darauf geachtet werden, mit dem Ertrag die Lebensumstände des Sozialhilfeempfängers zu verbessern (positive Formulierung) und jeglichen Konnex zur Anrechnung auf Sozialhilfeleistungen zu vermeiden. Eine offensichtliche Umkehrung des sozialhilferechtlichen Nachrangprinzips liegt schließlich in der zusätzlichen Beschwerung des behinderten/bedürftigen Vorerben mit einem Vermächtnis zugunsten des Nacherben über die beim Tod des Vorerben in dessen Nachlass fallenden nicht verbrauchten Erträgnisse.[106]

101 Vgl. hierzu *Otto*, JZ 1990, 1027, 1028; *Krampe* AcP 1991, 526 ff.; *Nieder* NJW 1994, 1264, 1266.

102 *Litzenburger* ZEV 2009, 278, 279.

103 Fall des SG Dortmund ZEV 2010, 54 f.

104 *Keim* ZEV 2010, 56.

105 SG Dortmund ZEV 2010, 54 f.

106 So auch Reimann/Bengel/J. Mayer/*Bengel*, Testament und Erbvertrag, A Rn. 544.

Zeitfracht Medien GmbH
Ferdinand-Jühlke-Straße 7
99095 Erfurt, Deutschland
produktsicherheit@kolibri360.de